四川交通职业技术学院

学生守则

四川交通职业技术学院 ◎ 编

西南交通大学出版社
·成都·

图书在版编目（CIP）数据

四川交通职业技术学院学生守则 / 四川交通职业技术学院编. —成都：西南交通大学出版社，2024.9
ISBN 978-7-5774-0066-2

Ⅰ. G718.5

中国国家版本馆 CIP 数据核字第 2024P106A3 号

Sichuan Jiaotong Zhiye Jishu Xueyuan Xuesheng Shouze
四川交通职业技术学院学生守则
四川交通职业技术学院　编

策划编辑	吴　迪
责任编辑	吴　迪
责任校对	左凌涛
封面设计	曹天擎

出版发行	西南交通大学出版社 （四川省成都市二环路北一段 111 号 西南交通大学创新大厦 21 楼）
邮政编码	610031
发行部电话	028-87600564　　028-87600533
官网	http://www.xnjdcbs.com
印刷	四川煤田地质制图印务有限责任公司

成品尺寸	210 mm×285 mm
印张	10.75
字数	248 千
版次	2024 年 9 月第 1 版
印次	2024 年 9 月第 1 次
定价	39.00 元
书号	ISBN 978-7-5774-0066-2

图书如有印装质量问题　本社负责退换
版权所有　盗版必究　举报电话：028-87600562

校 训

敬德修业　拓道致通

敬德修业

语出《易传·文言》:"君子敬德修业。忠信所以进德也,修辞立其诚,所以居业也。"孔子的本意是每个人都要增进美德、建功立业,强调人既要养成高尚品德,又要掌握一技之能,方可立世。"敬"意为尊重,"德"指好的操守。将"敬德"放在首位,是指学院坚持以人为本,德育为先,努力培养德智体美劳全面发展的社会主义建设者和接班人。"敬德"不但是对受教育者提出的要求,更是对教职工提出的要求,教育者必先受教育,要立德树人,教育者更需为人师表,敬德、立德。"修"在这里指钻研学习,下功夫研究;"业"有两层含义,一是代表学业、专业、事业,二是代表学习过程。"修业"一方面是希望学生刻苦学习,勤于实践,奠定扎实专业功底,厚积薄发,成为祖国建设的高端技术技能人才;另一方面是希望教师在教学实践中,刻苦钻研,为人师表,不断提高教学能力和专业水平,成为一代名师。"敬德修业"体现了四川交通职业技术学院师生立身社会的内在修养与实践行为的导向与追求。

拓道致通

"拓"本意为开辟,"道"本意为道路,"拓道"的直接意义是开辟道路。既要逢山开路,又要遇水架桥,因此"拓道"是对以公路、水路运输为主体的四川交通职业技术学院行业属性的一个概括。"拓"的另一意义为开拓,是创新精神的本源;"道"也可理解为规律、知识,韩愈"传道解惑"之说正是此意,"传道"揭示了学院育人的本质属性。"拓道"也可理解为创新型教育,而这正是我院倡导的核心精神,也是我院的立校之本、成功之本、发展之本。"致"的本意有"使达到";"通"的本意为"通达",直观意义是使道路通达。"通"也可引申为"通晓、懂得","致通"的引申意义是要求学子刻苦学习,德业并增,通晓学业之道、事业之道、人生之道,喻指我院要培养德才兼备、又红又专的学生,使之成为交通行业的栋梁之材。"拓道致通"还承载了蜀道天堑变通途的千年梦想之历史使命,充分展示了四川交通教育的特征。

"敬德修业,拓道致通",意为办"敬德修业"之教育,育"敬德修业"之人才,助"拓道致通"之伟业,破千年蜀道之难题。

四川交通职业技术学院学生守则

编 委 会

主　审	冯书明　陈　斌　杨　桦　谭　亮
主　编	方　文　张春明
副主编	贾超超　刘乙橙　费崇斌　刘姝媛
编　委	夏　洋　邓洪娟　王　博　李懋州
	王述升　肖　珊　陈　林　李　乾
	罗川江　王晨蔚　陈　诗　廖崎兵
	周　建　文雨丝　陈　苗

目 录

第一部分　教学管理

四川交通职业技术学院学分制管理制度…………………………………………001
四川交通职业技术学院学生学籍管理办法………………………………………006
四川交通职业技术学院学生课程考核管理办法…………………………………015
四川交通职业技术学院课程重修管理办法………………………………………017
四川交通职业技术学院考场管理办法……………………………………………019
四川交通职业技术学院学生申请置换课程、替代任选课学分管理办法（2022版）………021
四川交通职业技术学院大学生创新创业工作管理办法…………………………026

第二部分　学生管理

四川交通职业技术学院国家奖助学金评审办法…………………………………037
四川交通职业技术学院家庭经济困难学生认定办法……………………………045
四川交通职业技术学院特殊困难学生补助管理办法……………………………052
四川交通职业技术学院学生违纪处理管理办法…………………………………064
四川交通职业技术学院学生安全教育管理办法…………………………………074
四川交通职业技术学院学生档案管理办法………………………………………077
四川交通职业技术学院学生宿舍管理办法………………………………………080
四川交通职业技术学院学生考勤与请销假管理办法……………………………084
四川交通职业技术学院学生证管理办法…………………………………………086
四川交通职业技术学院"第二课堂成绩单"制度实施办法……………………087
四川交通职业技术学院学生军训管理办法………………………………………093
四川交通职业技术学院青年文明号管理办法……………………………………098

四川交通职业技术学院学生志愿服务与社会实践管理办法 …………… 102

四川交通职业技术学院学生文明行为规范 ……………………………… 105

四川交通职业技术学院勤工助学实施办法（2021年修订）…………… 106

四川交通职业技术学院校园秩序与课外活动管理办法 ………………… 115

四川交通职业技术学院学生申诉管理办法 ……………………………… 116

第三部分　学习生活指南

高校学生获得学籍及毕业证书政策告知 ………………………………… 121

四川交通职业技术学院学生选课指南 …………………………………… 124

四川交通职业技术学院心理健康咨询指南 ……………………………… 129

四川交通职业技术学院学生体质健康标准（试行方案）（摘要）……… 133

四川交通职业技术学院校园招聘活动管理办法（节选）………………… 134

四川交通职业技术学院大学生基本医疗保险报销须知 ………………… 136

四川交通职业技术学院学生商业医疗保险理赔须知 …………………… 139

四川交通职业技术学院图书馆管理办法（修订版）…………………… 141

四川交通职业技术学院部门办公地点及电话 …………………………… 143

第四部分　国家相关文件

普通高等学校学生管理规定 ……………………………………………… 147

高等学校学生行为准则 …………………………………………………… 157

学生伤害事故处理办法 …………………………………………………… 158

第一部分

教学管理

四川交通职业技术学院学分制管理制度

第一章 总 则

第一条 学分制是以学分为单位衡量学生学习量，并将学生获得学分作为学业完成情况衡量依据的一种教学管理制度。为深入贯彻因材施教原则，充分调动教与学的积极性，培养适应社会经济和行业发展需求、具有创新精神和较强发展能力的各类高素质技术技能型人才，根据国家有关教育政策法规和教育主管部门实施学分制的指导性意见，特制定本制度。

第二条 学院每学年设置春季、秋季两个学期。每学期安排 20 周教学活动。

第三条 学院开设的课程按其性质分为必修课和选修课两类，选修课分限定选修课（简称限选课）和任意选修课（简称任选课）两类，其中限选课是指学生根据本专业的知识体系和自身实际，在本专业人才培养方案规定的限选课程范围内选择修读的课程，任选课是指学生根据个人兴趣和实际需要选择的扩大知识面，提高适应能力的课程。

第四条 各专业学分总数：各专业毕业学分要求详见各专业人才培养方案。

第二章 学分计算

第五条 课程学分原则上按照课堂教学每 16 学时计 1 学分。

第六条 各专业单列的实践教学环节和其他特殊课程、特殊教学环节的学分根据各专业培养方案要求执行。为培养学生的创新意识和创新能力，激励学生全面发展，学生在校期间所取得的科研成果和各种技能大赛奖可计入任选课学分。具体学分置换规定和程序参照《四川交通职业技术学院创新创业工作管理暂行办法》和《四川交通职业技术学院学生申请置换课程、替代任选课学分管理办法》执行。学院鼓励学生到国际组织实习，根据实习经历和实习内容认定为顶岗实习学分。

第三章 课程选修

第七条 教务处负责根据人才培养方案，推荐合理的课程修读计划，在每学期选课时以推荐课表的形式向学生公布。

第八条 学生应依照修读专业人才培养方案进行选课，并注意以下要点：

（一）选课前，须仔细阅读本专业人才培养方案、推荐课表及选课流程图，听取学习指导老师的意见，确定选修时间、所选课程和顺序要求。

（二）实验、实习等实践性环节以及其他以学习周数计算学分的课程应该按照推荐课表选修，不得退选。

（三）修读课程一旦确认，应参加课程的所有教学活动。

（四）学生选课总学分作为学费结算依据。

（五）单个学期选课（含重修选课）学分上限为40学分。

（六）未经注册，选课、修课、考试者成绩和学分不予认定。

第九条 学生不应选择下列课程进行修读：

（一）低于本专业教学大纲要求的同类课程。

（二）未修读或未通过考核先行课程的后续课程。

第十条 学生可自主选择修读方式。一般情况下学生应采用跟班全程修读，符合下列条件的可在校自修或离校自修，但必须完成规定的作业、参加实验、测试、考试，按规定办理手续。

（一）在校自修的学生必须同时具备以下条件：

1．有足够的自学能力且已修本专业课程100学分以上。

2．有较强的组织纪律性和自我约束能力。

3．一年内所选课程平均学分绩点＞3.5。

（二）离校自修的学生必须具备以下条件：

1．有很强的自学能力且已修本专业学分100学分以上。

2．有很强的组织纪律性和自我约束能力。

3．一年以内所选的课程全部合格，且平均学分绩点>4。

第十一条 学生可根据人才培养方案，自主选择专门化方向。

第十二条 同一门课程由多位教师授课时，学生可自主选择教师。

第十三条 课程免修：

（一）因学生身体原因，经学院认定的二级甲等及以上医院证明，体育课可申请免修。

（二）通过学院认定范畴内的国家级、省级统一水平考试或本科自学考试的相关课程，可申请免修。

第十四条　为适应社会多样化的人才需求，学院鼓励学生跨专业选课修课，达到该专业的人才培养方案要求后，可颁发相应专业的辅修专业证书。

第四章　课程重修

第十五条　课程考核未达标，按照国家和四川省教育厅有关规定，认定为未完成人才培养方案规定的培养规格和要求，应重修。重修后经考试合格，承认课程成绩，按重修考核实际成绩计入学籍。重修课程管理详见《四川交通职业技术学院课程重修管理办法》。

第五章　成绩考核与学分取得

第十六条　所有课程都须进行考核，考核分考试和考查两类。考核一般采用百分制或优秀、良好、中、及格、不及格五级记分制。学生修读的课程，成绩经考核百分制达到 60 分及以上、五级记分制及格及以上，即可取得该课程的学分。任选课程考试不及格，不计学分，不安排补考。

第十七条　采用学分绩点反映学习质量，学分绩点按课程平均成绩折算，具体折算方法见表 1。五级记分制转换标准为：优=95、良=85、中=75、及格=65、不及格=55。

表 1　学分绩点折算方法

成　　绩	学分绩点	成　　绩	学分绩点
90～100	4.0	70～74	2.0
85～89	3.5	60～69	1.0
80～84	3.0	0～59	0
75～79	2.5		

$$平均学分绩点 = \frac{\sum(所修课程学分 \times 相应的成绩绩点)}{\sum(所修课程学分)}$$

第六章　附　　则

第十八条　本制度自 2021 年 9 月 1 日起施行，由教务处负责解释。

四川交通职业技术学院学生学籍管理办法

为规范学院学生管理行为,维护学院正常的教育教学秩序和生活秩序,保障学生合法权益,培养德智体美劳等全面发展的社会主义建设者和接班人,依据《普通高等学校学生管理规定》《四川交通职业技术学院章程》以及有关法律、法规,结合我院实际,制定本办法。

第一章 入学与注册

第一条 按国家招生规定录取的新生,持"录取通知书"和有关证件,按时到校办理入学手续。因故不能按时报到的,应向学院招生就业处请假。未请假或者请假逾期的,除因不可抗力等正当事由,视为放弃入学资格。

第二条 报到时,学院招生就业处对新生入学资格进行初步审查,审查合格的办理入学手续,予以注册学籍;审查发现新生的录取通知、考生信息等证明材料,与本人实际情况不符,或者有其他违反国家招生考试规定情形的,取消入学资格。

第三条 新生报到时有下列情形之一,可申请保留入学资格:

(一)新生应征入伍的。

(二)因病经学院指定的二级甲等以上医院诊断,不能保证在校正常学习、生活的。

(三)因其他特殊原因,本人申请或学院认为可以保留入学资格的。

保留入学资格期间不具备学籍,期限一般为 1 年,应征入伍的可延长至退役后 2 年。保留入学资格期满前应向学院申请入学,经学院审查合格后,办理入学手续。审查不合格的,取消入学资格;逾期不办理入学手续且未有因不可抗力延迟等正当理由的,视为放弃入学资格。

第四条 学生入学后,填写"新生入学登记卡"。学院在 3 个月内按照国家招生规定进行复查。复查内容主要包括以下方面:

(一)录取手续及程序等是否合乎国家招生规定。

(二)所获得的录取资格是否真实、合乎相关规定。

(三)本人及身份证明与录取通知、考生档案等是否一致。

(四)身心健康状况是否符合报考专业或者专业类别体检要求,能否保证在校正常学习、生活。

(五)艺术、体育等特殊类型录取学生的专业水平是否符合录取要求。

复查中发现学生存在弄虚作假、徇私舞弊等情形的，确定为复查不合格，取消学籍；情节严重的移交有关部门调查处理。

复查中发现学生身心状况不适宜在校学习，经学院指定的二级甲等以上医院诊断，需要在家休养的，按第三条的规定保留入学资格。

第五条　每学期开学时，学生应在两周内到所在系完成注册手续。不能如期注册的，应提前向所在系履行暂缓注册手续。秋季学期注册应当缴清当学年各种费用，未按学院规定缴纳学费或者有其他不符合注册条件的，不予注册。

家庭经济困难的学生，可以申请助学贷款或者其他形式的资助，办理有关手续后方可注册。

第二章　学制与学习年限

第六条　三年制专科学制为三年，最长学习年限为五年，五年一贯制专科学制为五年。对休学创业的学生，最长学习年限为七年。

第七条　休学时间均计入学习年限内；入伍保留学籍时间不计入学习年限内。

第三章　考核与成绩记载

第八条　学生应当参加所学专业《人才培养方案》规定的课程和各种教育教学环节（包括实验、实训、实习等，以下统称课程）的考核，考核成绩逐期计入学生成绩库，毕业时归入本人学籍档案。

第九条　考核分为考试和考查两种。课程采用何种考核方式，按专业《人才培养方案》或相关课程标准规定或按教研室决定执行。课程成绩由课程结束性考试成绩和平时成绩按一定比例综合评定。考核一般采用百分制或优秀、良好、中、及格、不及格五级记分制，成绩经考核百分制达到60分及以上、五级记分制及格及以上，即可取得该课程的学分。

第十条　学生思想品德的考核、鉴定，以《普通高等学校学生管理规定》第四条为主要依据，采取个人小结、师生民主评议等形式进行。学生体育成绩评定要突出过程管理，可以根据考勤、课内教学、课外锻炼活动和体质健康等情况综合评定。

第十一条　学生可以申请辅修校内其他专业或者选修其他专业课程；可以申请跨校辅修专业或者修读课程，参加学院认可的开放式网络课程学习。学生修读的课程成绩（学分），学院审核同意后，予以承认。

第十二条　学生参加创新创业、社会实践等活动以及发表论文、获得专利授权等与专业学习、学业要求相关的经历、成果，可以折算为学分，计入学业成绩。学分折算办法参照《四川交通职业技术学院创新创业工作管理暂行办法》。

第十三条　学院健全学生学业成绩和学籍档案管理制度，真实、完整地记载、出具学生学业成绩，对通过补考、重修、置换获得的成绩，予以标注。

学生严重违反考核纪律或者作弊的，该课程考核成绩记为无效，并应视其违纪或者作弊情节，给予警告、严重警告、记过、留校察看或开除学籍处分，该课程重修。

学生因退学等情况中止学业，其在校学习期间所修课程及已获得学分，予以记录。学生重新参加入学考试、符合录取条件，再次入学的，其已获得学分，经学院认定，予以承认。

第四章　转专业与转学

第十四条　入学后第一学年内，学生有下列情形之一，经规定程序审核批准可转专业。

（一）经考核，学生确实对某专业有兴趣和专长，转专业更能发挥其专长，经审核符合转专业条件的。

（二）学生入学后，因工伤事故或发现有疾病和生理缺陷，经学院指定的二级甲等以上医院证明，不能在原专业学习，但尚能在本校其他专业学习的。

（三）经学院认可，学生确有某种特殊困难，不转专业则无法继续学习的。

第十五条　转专业办理时间、条件及流程。

（一）新生入学第一学期第5周，符合下列条件的，经审批可转专业：

1. 录取专业确实与填报志愿不相符。

2. 拟转入专业所在系部测试合格。

符合上述条件的学生本人填写《四川交通职业技术学院转专业申请表》，由转出系主任签字同意后交教务处和招生就业处审核，合格的参加由转入系组织的测试，测试通过的可被批准转专业。

（二）新生入学第一学期第17周，符合下列条件的，经审批可转专业。

1. 学期期末考试成绩全部合格，且平均学分绩点达到2.0及以上。

2. 拟转入专业所在系部测试合格。

符合上述条件的学生本人填写《四川交通职业技术学院转专业申请表》，由转出系主任签字同意后交教务处进行成绩审核，合格的参加由转入系组织的测试，测试通过的可被批准转专业。

（三）学生入学第一学年结束后，因个人原因，可申请降级转专业。学生本人填写《转专业申请表》，由转出系主任签字同意后交教务处审核，合格的参加由转入系组织的测试，测试通过的可被批准转专业，并按留级相关规定处理学籍事宜。

（四）退役后复学的学生，因自身情况需要转专业的，可申请转专业。学生本人填写《四川交通职业技术学院转专业申请表》，由转出系主任签字同意后交教务处审核，合格的参加由转入系组织的测试，测试通过的可被批准转专业。

（五）参加创新创业的学生按《四川交通职业技术学院学生创新创业工作管理暂行办法》相关规定执行。

第十六条　所有被批准转专业的学生名单须经学院审批后进行公示，公示结束后，被批准转专业的学生持学籍异动单到新班级报到。

第十七条 有下列情形之一，不予转专业。

（一）对口高职及艺招生跨类转专业的。

（二）文科转理科专业的。

（三）以特殊形式招生录取的。

（四）国家有相关规定或者录取前与学校有明确约定的。

（五）应予退学的。

（六）已转过专业的。

（七）无正当理由的。

第十八条 学生一般应当在被录取学校完成学业。因患病或者有特殊困难、特别需要，无法继续在本校学习或者不适应本校学习要求的，可以申请转学。有下列情形之一，不得转学。

（一）入学未满一学期或者毕业前一年的。

（二）高考成绩低于拟转入学校相关专业同一生源地相应年份录取成绩的。

（三）由低学历层次转为高学历层次的。

（四）以定向就业招生录取的。

（五）无正当转学理由的。

（六）学院规定的其他限制性情形的。

第十九条 转学办理流程。

（一）转出流程。

1. 申请转出的学生备齐以下材料（一式3份），报学院教务处学籍管理干事审查，经教务处长审核后报教学分管院长审批：

（1）四川省普通高等学校学生转学备案表。

（2）学生转学申请书（加盖教务处章）。

（3）学生在校期间表现鉴定（加盖系章）。

（4）学生每学期成绩单（加盖教务处章）。

（5）学生录取花名册（加盖招生部门章）。

（6）相关证明材料：

① 因患病转学的，出具学院指定的二级甲等以上医院的检查证明（加盖医院病情证明专用章）。

② 因特殊困难、特别需要转学的，出具特殊困难、特别需要证明材料（加盖学校教务处章）。

（7）转入学校要求提供的其他材料。

2. 学院公示情况及结果，并提供公示截图（公示时间不低于5个工作日，公示结果由公示部门出具，一式3份，加盖公示部门章）。

3. 申请转学的学生将以上材料报转入学校审批。

4. 转入学校审批通过后3个月内，将所有材料报四川省教育厅备案并交我院教务处留存（各一式一份)。

5. 如若跨省转学，以上材料均需多备一份，经由双方学校同意后，先报送转出学校所在地教育行政部门备案，再报送转入学校所在地教育行政部门备案。

（二）转入流程。

1. 拟转入学生备齐以下材料（一式3份），报学院教务处学籍管理干事审查，经教务处长审核后报教学分管院长审批：

（1）四川省普通高等学校学生转学备案表。

（2）学生转学申请书（加盖教务处章）。

（3）学生在校期间表现鉴定（加盖系章）。

（4）学生每学期成绩单（加盖教务处章）。

（5）学生录取花名册（加盖招生部门章）。

（6）相关证明材料：

① 因患病转学的，出具学院指定的二级甲等以上医院的检查证明（加盖医院病情证明专用章）。

② 因特殊困难、特别需要转学的，出具特殊困难、特别需要证明材料（加盖学校教务处章）。

（7）转出学校公示情况及结果（提供学校公示截图，公示时间不低于5个工作日，公示结果由公示部门出具，加盖公示部门章）。

（8）拟转入专业当年录取花名册（加盖招生部门章）。

2. 拟转入系集体会议研究，并提供会议纪要（一式3份，加盖系公章）。

3. 学院集体会议研究，并提供会议纪要（一式3份，加盖学院公章）。

4. 学院公示情况及结果，并提供公示截图（公示时间不低于5个工作日，公示结果由公示部门出具，一式3份，加盖公示部门章）。

5. 学院在转学完成3个月内将所有材料报四川省教育厅备案并交转出学校教务处留存（各一式一份）。

6. 如若跨省转学，以上材料均须多备一份，经由双方学校同意后，先报送转出学校所在地教育行政部门备案，再报送转入学校所在地教育行政部门备案。

第二十条 转学、转专业的学生应按转入专业的培养方案认定学分和补修未修课程，并按规定缴纳学费。

第五章 休学与复学

第二十一条 学生具有下列情形之一，予以休学。

（一）因病经学院指定的二级甲等以上医院诊断，须停课治疗、休养占一学期总学时三分之一以上的。

（二）一学期请事、病假缺课超过该学期总学时三分之一以上的。

（三）因其他特殊原因，学生申请或者学院认为应当休学的。

第二十二条 休学办理流程。

（一）学生填写《四川交通职业技术学院休学申请表》，并附申请休学的相关证明和家长签署同意休学的身份证复印件。

（二）辅导员审查并签署意见。

（三）系主任审查并签署意见。

（四）教务处审批办理，并报相关部门备案。

（五）办理完离校手续，教务处开具休学证明后方可离校，否则属不参加学院规定的教学活动，满两周的作自动退学处理。

第二十三条 学期中途办理休学的，该学期按休学计算。办理休学时已修但尚未考核的课程应作退课处理。

第二十四条 学生休学期间不享受在校学生待遇。学生的户口不迁出学院。学生休学期间若发生意外事故，学校不承担责任。

第二十五条 休学时间一般以1年为期，学生休学期满，应在休学证明上注明的复学学期开学前书面向所在系申请复学，由系领导签署意见，报教务处审批，方可复学。如需继续休学，必须办理续休手续。逾期两周未办理复学或续休手续，按自动退学处理。

第二十六条 在校生应征参加中国人民解放军（含中国人民武装警察部队）的，凭入伍证明办理保留学籍手续，教务处开具保留学籍证明后方可离校。学院将保留其学籍至退役后2年。学生应在退役后2年内凭部队出具的退役证明办理复学手续。逾期未办理复学手续，按自动退学处理。

第二十七条 在校生到国际组织实习的，学院为其保留学籍，最长至两年；学生实习期满后应向学院提出复学申请，经学院审查合格后同意复学。逾期未办理复学手续，按自动退学处理。

第二十八条 复学办理流程。

（一）复学学期开学前，学生填写《四川交通职业技术学院复学申请表》，并附申请复学的相关证明。

（二）辅导员审查并签署意见。

（三）系领导审查并签署意见。

（四）教务处审批办理，并报相关部门备案。

第二十九条 学生复学应具备以下条件。

（一）因病休学的学生，应提交学院指定的二级甲等以上医院出具的恢复健康的证明。

（二）应征入伍的学生，应提交部队出具的退役证明。

（三）因其他原因休学的学生，应提供其他相关证明。

第三十条 各系应对复学学生进行全面复查，如有违法乱纪行为，应按《四川交通职业技术学院学生违纪处理办法》进行处理，情节严重的取消复学资格。

第三十一条 复学学生由所在系依据其修读课程的情况编入原专业（无后续年级专业则编入相近专业）的下一年级学习，并报教务处审批。复学学生应按复学后所在专业相应年级培养方案完成学业。

第六章 学业警示与退学

第三十二条 学生成绩不合格学分达到相应数量给予学业警示，并将结果通知学生所在系，由各系送达学生本人，同时将学业警示结果在网上公示。学业警示分黄色、红色两级。不合格学分达到 10~15 学分/学期为黄色警示，不合格学分达到 15 学分/学期（含 15 学分）以上为红色警示。

第三十三条 学生一学年不合格学分达 20 学分或自入校以来累计不合格学分达 30 学分及以上的应予试读，试读期为一年。试读期间，当学年不合格学分达到 35 学分及以上或自入校以来累计不合格学分达到 60 学分及以上的，应予退学。

第三十四条 学生有下列情形之一，予以退学：

（一）在校学习期间，当学年不合格学分达到 35 学分及以上者；自入校以来累计不合格学分达到 60 学分及以上的。

（二）休学期满不办理复学手续或续休手续、复学复查不合格或不符合复学条件的。

（三）经学院指定的二级甲等以上医院确诊，患有疾病或者意外伤残不能继续在校学习的。

（四）未经批准连续两周不参加学院规定的教学活动的。

（五）超过学院规定期限而又未履行暂缓注册手续的。

学生本人申请退学的，经学校审核同意后，办理退学手续。

第三十五条 退学办理流程：

（一）本人申请退学。

1．学生填写《四川交通职业技术学院退学申请表》，并附申请退学的相关证明和家长签署同意退学的身份证复印件。

2．辅导员签署意见。

3．系主任签署意见。

4．教务处审查后处长签署意见。

5．分管教学的院领导审批。

6．学生办理离校手续。

7．教务处开具退学证明，学生凭证明在学生工作部提取个人档案，在财务处办理完成财务结算后方可离校。

（二）其他原因退学。

1．其他原因退学学生由学生所在系实时填写《四川交通职业技术学院学生学籍处理申报表》

并附相关材料。

2．系主任签署意见。

3．报教务处审查后处长签署意见。

4．分管教学的院领导审核签署意见。

5．提交院长办公会审批。

6．网上公告退学处理决定。

7．辅导员通知学生办理离校手续。

8．教务处开具退学证明，学生凭证明在学工部提取个人档案后方可离校。

第三十六条　对作退学处理的学生，学院出具退学证明并送交本人，因特殊情况无法送交本人的，则在校内发布公告。自发出公告之日起，经过7天，即视为送达本人。

第三十七条　学生如对退学处理有异议，可向学院申诉委员会提请申诉。

第三十八条　退学学生应按学院相关规定办理退学及离校手续，其档案、户口应退回原籍。

根据四川省川教〔2006〕232号文件有关规定，学生缴纳学费后因故退学，学院应根据学生实际选修学分数和学分学费标准进行结算。

第七章　毕业与结业

第三十九条　学生在学院规定学习年限内，修完所在专业年级教学计划规定的全部课程，成绩合格，学分达到毕业要求的，准予毕业，完清离校手续后，发给毕业证书。每届毕业生毕业证书分三批次颁发，第一批毕业证于每年六月底颁发；第二批毕业证为每年春季学期期末考试后颁发；第三批毕业证于秋季学期开学补考后颁发。

学生提前完成所在专业年级教学计划规定的全部课程，成绩合格，学分达到毕业要求的，可于每年5月份申请提前毕业。

第四十条　学生在最长学习年限内，修完所在专业年级教学计划规定的全部课程，成绩未全部合格或学分未达到毕业要求的，准予结业，经学生本人申请并完清离校手续后，发给结业证书。结业后，学生可在两年时间内回学院重修不合格的课程，成绩合格后在每学期开学后第三周回校提交毕业资格审查申请，经院长办公会通过后统一发放毕业证书，毕业时间按发证日期填写。

按照提交毕业资格审查时间计算，学生结业后，超过两年时间，学校不再发放毕业证书（在本办法修订正式生效之日前结业学生，应在本办法生效之日起，两年时间内，在学校选课重修，成绩合格后提交毕业资格审查申请。超过两年时间，学校不再发放毕业证书）。

第四十一条　对退学学生，经学生本人申请并完清离校手续后，发给肄业证书或写实性学习证明。

第八章　学业证书管理

第四十二条　学院严格按照招生时确定的办学类型、专业名称和学习形式，以及学生招生录取时填报的个人信息，填写、颁发专科学历证书。

学生在校期间变更姓名、出生日期等证书需填写的个人信息的，应当有合理、充分的理由，并提供有法定效力的相应证明文件。学校进行审查后学籍管理部门及时在学信网上提出申请，变更学生相关信息。信息审查必要时可函请学生生源地省级教育行政部门及有关部门协助核查。

第四十三条　学院严格执行高等教育学历证书电子注册管理制度，每年将颁发的毕（结）业证书信息在中国高等教育学生信息网上进行即时注册。

第四十四条　对违反国家招生规定取得入学资格或者学籍的，学校依法取消其学籍，不得发给学历证书；已发的学历证书，学校依法予以撤销。对以作弊、剽窃、抄袭等学术不端行为或者其他不正当手段获得学历证书的，学校依法予以撤销。

被撤销的学历证书已注册的，学校予以注销并报教育行政部门宣布无效。

第四十五条　毕业、结业证书遗失或者损坏，经本人申请、学院核实后，可出具相应的证明书，证明书与原证书具有同等效力。

第九章　附　则

第四十六条　本办法自 2021 年 11 月 1 日起施行，原《学生学籍管理办法》同时废止，由教务处负责解释。

四川交通职业技术学院
学生课程考核管理办法

为实现人才培养目标，本着理论和实践并重、结果考核与过程考核有机结合的原则，客观、公正、全面地评价学生课程学习效果，特制定本办法。

第一条 课程考核主要采取学院组织考核和系（部）组织考核两种，考核的形式具体包含：理论考核、实践考核、职业技能鉴定、项目设计、毕业设计（论文）、大作业等。

第二条 课程考核的具体方式和成绩构成，根据培养方案和课程标准对该课程的具体要求确定。

第三条 学生考核资格的审查。

（一）考核。学生注册后按要求参加了正常的教学活动，均有考核资格，下列情况之一不得参加考核：

1. 未经批准缺课累计超过该门课程教学时数的四分之一及以上者。

2. 平时作业缺交累计超过一学期的四分之一及以上者。

3. 任课教师根据上述规定，审核学生的考试资格。凡被取消参加考核资格的学生，任课教师必须于考核前一周将名单交由所在系（部）审核后公布名单，并通知学生本人。被取消考试资格的学生名单打印一式两份，一份报系部，一份报教务处。

（二）缓考。学生确因特殊原因不能参加考试，应按规定办理手续，否则按旷考处理。缓考与补考合并进行，考核时请假或考核不及格者不再单独组织考核。缓考手续办理程序为：

1. 学生因病或家中发生重大事故不能参加正常考核时，本人书面申请（因病须由学院指定的二级甲等及以上医疗单位出具病假证明），系（部）教学副主任签字后，报教务处审批。

2. 学生参加学院组队的重大活动，与考试时间冲突或对考试产生明显影响，组织单位提出书面缓考申请，负责人签字后，报教务处审批。

3. 多门课程考试时间冲突时，由本人书面申请并提供相关证明，系（部）教学副主任签字后，报教务处审批。

4. 同一系因同一原因申请缓考超过3人以上，由教务处根据申报情况，整理后报分管教学的院领导审批。

（三）补考。期末考试成绩不合格者，可参加下一学期组织的补考。有下列情况之一者，不能参加课程补考：

1. 考试舞弊者。
2. 未经批准该课程缺课超过四分之一者。
3. 迟交或缺交作业超过应交作业的四分之一者。
4. 旷考者。
5. 实践教学考核不合格者。

第四条 补考不合格的课程，应按照《四川交通职业技术学院课程重修管理办法》的规定重修。

第五条 学生课程成绩评定由任课教师按照培养方案和课程标准评定，任何人不得影响任课老师正确、客观地评定成绩。

第六条 成绩一经上报，任何人不得私自改动。因漏报或经试卷审查需要更改成绩，应在成绩公布后15个工作日内，由任课教师填写《四川交通职业技术学院成绩更正单》，经系主任、教务处、分管教学的院领导三级审核后，方可补报或更正成绩。对经学生申请查分更正成绩的，应同时在试卷和原始成绩单上更正（无论查分后成绩高低均以所查分数为准），并由任课教师在更正处签字。

第七条 考核纪律按照《四川交通职业技术学院考场管理办法》执行。

第八条 本办法自2021年9月1日起施行，由教务处负责解释。

四川交通职业技术学院
课程重修管理办法

为加强课程重修管理，按照《四川交通职业技术学院学分制管理办法》和《四川交通职业技术学院学生学籍管理办法》，特制订本办法。

第一条 重修范围。

（一）学生课程期末考核不合格，经补考后仍不合格。

（二）实践教学类课程期末考核不合格。

（三）学生申请缓考，但未参加补考或参加补考后成绩不合格。

（四）学生作弊或缺考。

（五）学生因成绩不合格未能如期毕业的，在《四川交通职业技术学院学生学籍管理办法》规定的修业年限内，可参加重修。

第二条 重修方式。

（一）跟班重修。

一般情况下，重修人数未达20人且本学期已开设的课程，由各系部安排学生跟班重修。跟班重修即参加相邻年级同门课程所在班级听课并参加考核。

（二）单独开班重修。

重修人数达20人以上的课程，各系部应安排单独开班重修，并报教务处审批。

第三条 办理程序。

（一）补考结束后，学生登录教务系统网上重修报名。

（二）各开课系部根据重修报名情况决定跟班重修或单独开班重修。

（三）学生选课后按课表安排进行上课和考试等教学活动。

第四条 考试要求。

跟班重修和单独开班重修不单独组织考试，在课程结束后根据学院期末考试的统一安排，选择与所选教学班课程的期末考试同时、同卷进行。

第五条 其他。

（一）学生选重修课后，无故未参加教学活动，视为自动放弃该次重修机会。在修完三年基本学制后学分不合格学生如因特殊原因确不能参加重修学习者，选课后可申请办理离校自修手续后离校自行修读课程，但必须按照学院统一安排回校参加考试。

（二）不符合单独开班条件，且后续年级没有相同课程供跟班重修的课程，各系部需提出课程替换说明，供学生重修。学生选课后须在规定时间内办理课程置换手续，置换标准详见《四川交通职业技术学院学生申请置换课程、替代任选课学分管理办法》。

（三）学生重修选课后应到财务处缴纳重修费。

第六条 本办法自 2021 年 9 月 1 日起施行，由教务处负责解释。

四川交通职业技术学院
考场管理办法

为了维护考场秩序，严肃考场纪律，本着对学生公平、公正客观评价的原则，保证学生合法权益，特制订本办法。

第一条 考生应在当场考试开始前 15 分钟，凭学生证和有效身份证件（双证齐全）进入考场，证件不齐且不能提供相关证明者，不能参加当场考试。

第二条 考试应按监考人员指定的座位就座，并在考场签到表上签字。考试入座后，应主动将双证放在桌面左上角，以便核查。

第三条 考生进入考场后，除必要的文具和开卷考试允许携带的资料外。任何书籍、笔记、资料、电子产品（如手机、平板电脑，其他具有存储、编程、查询功能的电子用品）和非应试必需品一律放置于指定位置，并确保电子设备关闭。任何携带违规物品进入考位者，作考试违纪处理。

第四条 考生在开考 15 分钟后，不得进入考场，考生迟到不延长考试时间。考生交卷出场时间不得低于卷每科目考试结束时间的二分之一。考生离开考场后，不得再次入考场续考，不得在考场附近逗留、谈论和接打手机，否则，认定为扰乱考试秩序，作违纪处理。

第五条 考生领到试卷后，首先应核对试卷是否与自己所参加的考试科目相符，有无缺页、缺题或字迹不清等情况。如有，应立即举手报告。考生答卷前，必须先正确、清楚、规范地填写本人信息，不到规定开考时间，不得答题。

第六条 考试过程中，应使用学院统一发放的草稿纸，并在草稿纸上填写考试姓名和学号，交卷时连同试卷一并交给监考人员。

第七条 考生必须严格按试卷要求作答。除特殊要求外，答卷时要求用蓝、黑颜色的钢笔或签字笔书写。

第八条 考生进入考场后，应保持安静，不准喧哗。考试过程中，不得交头接耳、左顾右盼、打手势、做暗号、传递、窥视、互对答案以及其他作弊或违纪行为；开卷考试允许考生所携带的资料只限本人使用，不得转借。

第九条 考生应自觉服从监考人员管理，不得以任何理由妨碍监考人员进行正常工作。监考人员有权对考场内发生的问题按规定做出处理。如有疑似作弊行为，考生应接受监考人员的监督和检查。如监考人员发现并确定考生有作弊行为，考生应立即停止答卷，并离开考场，不得无理取闹、不得辱骂、威胁、报复监考人员。凡因个人原因与监考人员发生冲突，认定为扰乱考场秩序，作考试违纪处理。

第十条 考生应在规定时间内答卷，考试结束铃响，应立即停止答卷，并把试卷整理好，反面向上放在桌面，离开考场。所有试卷及草稿纸不准带离考场。超过时间，经监考人员提醒仍不交卷者，按违反考场纪律论处。凡试卷和草稿纸未按规定要求上交，出现缺漏等，该科目考核成绩记为零分。

第十一条 对考试过程中有以上违纪或舞弊行为者，当次考试科目成绩记零分，直接重修，并视情节按《四川交通职业技术学院学生违纪处理办法》规定严肃处理。

第十二条 在遇到突发事件，如遇到地震等自然灾害时，应在监考人员引导下，有序离开考场。

第十三条 本办法自2021年9月1日起施行，由教务处负责解释。

四川交通职业技术学院
学生申请置换课程、替代任选课学分管理办法
（2022版）

为规范课程置换，加强课程学分管理，进一步完善教学运行管理体系，特制订本办法。

第一条 课程置换是指学生修习与本专业人才培养方案所规定课程名称、课程代码不一致，需要替换成本专业人才培养方案所规定的相关课程。

第二条 置换课程与被置换课程的课程类别、课程内容、教学要求相同或相近方可申请课程置换。置换课程学分原则上不低于被置换课程学分。因专业人才培养方案调整导致课程名称或学分发生变化，修习新培养方案课程置换原培养方案中没有合格的相关课程，可适当放宽学分差异限制。

第三条 学生考取所在专业确定范围内的执业（职业）资格证书、1+X证书、职业技能证书或能力水平证书等，可以申请置换考核没有合格的相关课程，或申请替代任选课的学分；学院教师在慕课平台开设的课程，学习合格取得证书后，可申请替代任选课的学分。一个证书只能置换或替代一门课程。所获证书与课程之间的置换关系由各开课系部负责认定并由开课系部负责鉴定证书的真伪，开课系部审批后统一交教务处实施置换。

第四条 学生参加由学院统一组织的国家级一类（含）以上专业技能竞赛并取得三等奖以上成绩，可以用所获得的竞赛证书申请置换两门考核没有合格的相关课程，或申请替代4学分的全院任选课学分。

第五条 学生参加由学院统一组织的省级一类专业技能竞赛并取得三等奖以上成绩，可以用所获得的竞赛证书申请置换一门考核没有合格的相关课程，或申请替代2学分的全院任选课学分。

第六条 学生参加由学院统一组织的省级一类以上人文素质类竞赛并取得三等奖以上成绩，可以用所获得的竞赛证书申请替代一门任选课学分，替代标准参照《四川交通职业技术学院学分制管理制度》。

第七条 学生参加由学院统一组织的省级以上体育竞赛并取得第三名以上成绩，可以用所获得的竞赛证书申请置换没有合格的一门体育课程或替代一门任选课学分，替代标准参照《四川交通职业技术学院学分制管理制度》。

第八条 学生在校期间参加创新创业相关活动，可以申请替代有关学分，替代标准参照《四川

交通职业技术学院创新创业暂行管理办法》。

第九条 转专业学生不得用已修合格的转出专业的课程置换转入专业没有合格的必修课程和限选课程，但可以使用已修合格的转出专业课程替代任选课学分，每门转出专业课程仅能替代一门任选课学分。

第十条 学生选择非本专业人才培养方案规定课程学习并考试合格，可以替代一门任选课学分。

第十一条 课程置换和证书置换，被置换课程成绩标准见附件2。

第十二条 申请课程置换和替代任选课学分的办理时间为开学补考成绩公布后2周内。

第十三条 课程置换与替代任选课学分办理流程如下：

（一）学生填写纸质版"四川交通职业技术学院课程置换审批表"（见附件）或通过学院官网登录网上办事大厅线上提交课程置换课程、证书置换课程申请，并提供相关证明材料；

（二）学习指导教师签署意见；

（三）系主任或教学副主任审批并签署意见；

（四）系部填报本学期课程置换与替代任选课学分汇总表，报教务处审核。

第十四条 所有学生申请置换的课程成绩、学分统一由教务处管理、归档。

第十五条 本办法由教务处负责解释。

附件1 四川交通职业技术学院课程置换及替代任选课学分审批表

附件2 四川交通职业技术学院课程置换及替代任选课学分认定标准

附件 1

四川交通职业技术学院
课程置换及替代任选课学分审批表

系（部）：_____　　填表日期：_____年_____月_____日

姓名		学号		专业班级			
已修课程或取得证书	课程代码	课程名称		课程性质		学分	成绩
	取得证书名称			颁证机构			
需要置换课程或替代任选课程	课程代码	课程名称		课程性质		学分	
课程置换或替代理由							
学业导师意见	（置换课程、证书审核）签字：						
开课系、部意见	系（部）分管教学主任签字（盖章）：						

注：本表由学生本人填写，每门课程填写一份，学生也可通过学院官网网上办事大厅相关模块提交申请。
1. 课程置换相关类课程，置换表交学生所在系教学干事老师处理留存。
2. 专业类证书、技能大赛获奖证书、退伍证等置换相关类课程，置换申请交教务处明德楼 A808 办公室成绩管理老师处理留存，相关证明材料另附页。

附件 2

四川交通职业技术学院
课程置换及替代任选课学分认定标准

序号	置换课程（证书）	被置换课程	置换后成绩	备注
1	非教学计划内的专业课程	教学计划内相关专业课程或全院任选课	同置换课程成绩	一门专业课程只能置换一门专业内容相近课程，包含同门课程的课程代码变化置换、课程名称变化置换，内容相近课程置换；一门专业课置换任选课时，只能置换一门全院任选课，不包括艺术美学和"四史"课程
2	各专业确定范围内的执业（职业）资格证书、1+X证书、职业技能证书或能力水平证书	相近专业课程或任选课程	75分	一个证书置换一门课程，证书信息需网上查询核实，专业相关证书由各系确认后能够置换，可置换内容相近专业课和全院任选课（不包括艺术美学和"四史"课程）
3	学院指定MOOC平台开设的课程	任选课	75分	教务处指定MOOC课程才能置换
4	英语四级证书	大学英语	90分	须提供等级证书
5	英语六级及以上证书	大学英语	100分	须提供等级证书
6	计算机国家等级考试一级及以上	信息技术	一级75分、二级及以上90分	须提供等级证书
7	参加由学院统一组织的国家级一类（含）以上专业技能竞赛（含"互联网+""挑战杯"竞赛）并取得三等奖以上成绩	两门专业相关课程或两门全院任选课程	三等90分、二等95分、一等100分	一项赛事只认一个最好成绩，如果有特等奖，特等按照一等计，依次下排一名，置换全院任选课时（不包括艺术美学和"四史"课程）。"互联网+""挑战杯"竞赛内容和专业相关，可置换专业课程，如不相关，只能置换任选课
8	参加由学院统一组织的省级一类专业技能竞赛（含"互联网+""挑战杯"竞赛）并取得三等奖以上成绩	一门专业相关课程或一门全院任选课程	三等80分、二等85分、一等90分	一项赛事只认一个最好成绩，如果有特等奖，特等按照一等计，依次下排一名，置换全院任选课时（不包括艺术美学和"四史"课程）。"互联网+""挑战杯"竞赛内容和专业相关，可置换专业课程，如不相关，只能置换任选课

续表

序号	置换课程（证书）	被置换课程	置换后成绩	备注
9	参加由学院统一组织的省级一类（含）以上人文素质类竞赛并取得三等奖以上成绩	一门全院任选课程	三等80分、二等85分、一等90分	一项赛事只认一个最好成绩，如果有特等奖，特等按照一等计，依次下排一名，置换全院任选课时（不包括艺术美学和"四史"课程）
10	参加由学院统一组织的省级以上体育竞赛并取得第三名以上成绩	一门体育课程或一门任选课学分	三等80分、二等85分、一等90分	一项赛事只认一个最好成绩，置换全院任选课时，不包括艺术美学和"四史"课程
11	学生从事与所学专业相关自主创业经历经创新创业学院和教务处认定	置换最多不超过10学分的专业课程或者顶岗实习学分	80分	详见学生守则及行为规范《四川交通职业技术学院大学生创新创业工作管理办法》
12	军人退伍证	可同时置换体育1、体育2、体育3	100分	军人退伍证书可同时置换体育1、体育2、体育3、军训、军事理论、顶岗实习等课程。军人退伍后可以不参加顶岗实习，但出于管理需求，学生需配合指导老师签到打卡等，以便了解学生的实时状况，指导老师根据学生表现评定成绩
12	军人退伍证	军训、军事理论	100分	
12	军人退伍证	顶岗实习	75~95分	
13	"SYB"或"网创"培训合格证	2学分创新创业理论课	80分	"SYB"或"网创"培训合格证可用于创新创业实践课积分或用于置换2学分创新创业理论课（二选一）

四川交通职业技术学院
大学生创新创业工作管理办法

第一章 总 则

第一条 根据《国务院关于进一步做好新形势下就业创业工作的意见》(国发〔2015〕23号)、《国务院办公厅关于深化高等学校创新创业教育改革的实施意见》(国办发〔2015〕36号)、《国务院办公厅关于进一步支持大学生创新创业的指导意见》(国办发〔2021〕35号)、《四川省人民政府办公厅关于进一步支持大学生创新创业的实施意见》(川办发〔2022〕36号)等文件规定,制定本办法。

第二条 创新创业工作坚持全面贯彻党的教育方针,落实立德树人根本任务,坚持创新创业融合专业,创新引领创业,创业带动就业。将创新创业教育改革贯穿于人才培养全过程,以推进素质教育为主题,提高人才培养质量为核心,创新人才培养机制为重点,完善条件和政策保障为支撑,加快培养富有创新精神、创业意识和创新创业能力,勇于投身实践、敢于承担风险的创新型应用人才,为经济社会发展提供更强的人才智力支撑。

第三条 创新创业工作坚持问题导向,补齐培养短板。把创新创业作为教学改革的着力点,融入人才培养体系,丰富课程、创新教法、强化师资、改进帮扶,推进教学、科研、实践紧密结合,突破人才培养薄弱环节,增强学生的创新精神、创业意识和创新创业能力。

第二章 管理机构与职能

第四条 创新创业工作实行院系两级管理。

第五条 学院成立"四川交通职业技术学院大学生创新创业工作委员会",学院党委书记、院长担任主任委员,成员由创新创业学院、教务处、学生工作部、科技研究中心、组织人事处(离退休人员工作处)、招生就业处、学院团委、规划与产教融合发展中心等相关部门负责人组成。学院大学生创新创业工作委员会职责包括:

1. 领导学院大学生创新创业工作,确保学院创新创业工作按照国家相关政策予以管理运行。

2．审议大学生创新创业工作的实施方案及有关政策，指导创新创业项目的开展与实施，协调解决相关的重大问题。

3．审议院级大学生创新创业入驻项目的评选结果。

4．审批和监督项目资助经费的使用情况。

第六条　学院大学生创新创业工作委员会下设办公室，办公室设在创新创业学院，办公室主任由创新创业学院负责人兼任，其主要职责包括：

1．负责落实学院大学生创新创业工作委员会对创新创业工作的具体要求，协助学院领导管理好学院创新创业工作。

2．宣传、贯彻国家和省有关大学生创新创业的方针、政策和法令。

3．制定和完善大学生创新创业工作的各类规章制度及实施细则。

第七条　学院成立创新创业学院，具体负责全面推进开展创新创业教育、创业培训和创业实践，其主要职能包括：

1．统筹推进全院创新创业工作。

2．组织开展创新创业教育。

3．组织开展创新创业专项培训。

4．依法建立和管理创新创业专项资金。

5．搭建创新创业教育实践平台。

6．协调指导创新创业实践训练。

7．培育创新创业项目，孵化创新创业成果。

8．对接各级政府相关工作。

第八条　各系成立"大学生创新创业教育工作组"，系主任、党总支书记担任工作组组长，成员包括系内负责教学、党团、学生工作的负责人和骨干教师。工作组的主要职责包括：

1．负责本系学生创新创业项目的宣传、开展、申报、评审等工作。

2．检查和监督本系学生所承担的各级创新创业项目的执行情况，并向学院提交创新创业项目评价和总结报告等。

3．向学院申请组织院级创新创业技能大赛，向学院推荐参加校外创新创业技能大赛项目，并组队参赛。

4．向学院推荐优秀学生及指导教师，提出有关政策和建议等。

第三章　创新创业活动学籍管理

第九条　参加创新创业学生实行弹性学制。在教育部政策许可范围内，创新创业学生的修读年限可放宽至 3～7 年。

第十条　申请自主创业的在读学生可保留学籍，休学创业。创业学生在修读年限内可多次申请休学创业。

第十一条　参加创新活动的学生，凡符合以下条件的，经本人申请，学生所在系主任批准，教务处审批，可转换至与申请人创新活动相关专业学习，转换专业不受专业批次，专业类别和时间限制。

1. 进入我院学习前参加市级以上创新活动竞赛获得三等奖及以上奖励或取得专利、著作权的。

2. 在我院学习过程中参加市级以上创新活动竞赛获得三等奖及以上奖励或取得专利、著作权的。

3. 取得其他创新成果，经四川交通职业技术学院大学生创新创业工作委员会认定的。

第十二条　参加创业活动的学生，凡符合以下条件的，经本人申请，学生所在系主任批准，教务处审批，可转换至与申请人创业活动相关专业学习，转换专业不受专业批次，专业类别和时间限制。

1. 进入我院学习前已经创办经营实体并有一定业绩或作为股东、合伙人参与经营实体运营的。

2. 在我院学习期间（含休学期间）自主创业，开办经营实体或作为股东、合伙人参与经营实体运营的。

第四章　创新创业学分管理

第十三条　创新创业学分采取"2+2+2"模式，即通识素质类创新创业课程 2 学分，学科专业类创新创业课程 2 学分，创新创业实践 2 学分，共计 6 分。

第十四条　创新创业学分性质等同于通识课必修学分。

第十五条　教务处、创新创业学院作为创新创业学分认定责任部门，其他相关职能部门和系部协同管理。

第十六条　创新创业实践学分的认定范围包括学科竞赛、科学研究、发明创造、科技文体竞赛、社会实践、科技成果转化、大学生创业训练项目、创业竞赛、创业培训、创业实践活动、自主创业等。

1. 科技竞赛：指学生参加由政府行政主管部门或专业学术团体，或专业教学指导委员会组织主办的科技竞赛并获得相关奖项。

2. 技能竞赛：指学生参加职业技能竞赛项目，获得证书或比赛奖项。

3. 科学研究：指学生主持或参与学院发布的大学生创新训练项目、教师科研课题、学院（系部）举办的各类科研活动并取得成果,或在国内外正式刊物或重大活动上发表的论文或艺术作品。

4. 发明创造：指发明专利、实用新型专利等。

5. 科研成果转化：指学生的专利以实施许可、技术转让或技术入股方式进行技术转移等，学生占有公司股份 20% 及以上。

6. 大学生创业训练项目：指参加国家大学生创业训练项目并结题。

7. 创业竞赛：指学生参加各类型创业大赛并获相应奖项。

8. 创业培训：指学生选修学院（系部）开设的各类创业培训课程并获得结课证明。

9. 创业实践活动：指学生积极参加学院（系部）组织的创业沙龙、论坛、讲座等实践活动并获得积分证明。

10. 自主创业：指学生自主创建的创业项目入驻创业孵化基地或完成工商登记注册并顺利运营。

第十七条　创新创业实践学分的申请程序。

创新创业实践学分由各系部收集学生提供的相关证明材料，经系部初审后，统一报创新创业学院核查认定后向教务处申请。学生提交的认定材料、认定结果等资料等同于试卷，分别由创新创业学院和教务处留存入档并计入创新创业实践学分。

第十八条　创新创业实践学分认定标准参照《四川交通职业技术学院学分管理制度》和《学生申请置换课程、替代任选课学分管理办法》执行。学生从事与所学专业相关自主创业经历经创新创业学院和教务处认定后，除可计入创新创业实践学分，还可以用于置换最多不超过10学分的专业课程或者顶岗实习学分。

第十九条　同一创新创业项目在同一学期内不累加得分，只记最高创新创业实践学分分值；同一项目跨学期再次获得更高档次奖励，以计算补差值的方式记录学分；集体奖项与个人奖项有重复的，取最高值计创新创业实践学分，不重复计算。

第二十条　学生填写的创新创业学分认定申请和相关证明材料必须真实可靠。凡弄虚作假者，取消所获得的相关学分和待遇，并按作弊论处；因项目或活动组织部门及相关教师管理不严，造成不良影响的，予以通报批评；认定的学分违背本规定、与实际不符的，须重新认定；认定中出现违规问题的，视情节追究当事人责任。

第五章　创新创业活动政策支持

第二十一条　学院在籍学生创新创业活动享受国家、四川省关于大学生创新创业相关优惠政策。

第二十二条　学院每年划拨专项经费支持大学生创新创业活动，经费使用范围包括创新创业课程开发、师资团队建设、创新创业项目资助及创新创业学院运行管理等。

第二十三条　学院大学生创新创业项目资助经费使用管理办法另行制定。

第二十四条　创新创业活动专项经费使用坚持"厉行节约，合理使用，符合要求，有利于创新创业活动开展"的原则。经费报销工作应严格遵守学院财务制度。

第六章　附　则

第二十五条　本办法由创新创业学院负责解释。

第二十六条　本办法自公布之日起执行,学院原涉及创新创业活动管理规定中凡与本办法不符的,以本办法为准。

附　件　四川交通职业技术学院大学生创新创业实践学分认定标准表

附 件

四川交通职业技术学院
大学生创新创业学分认定标准表

项目类	内容或等级		本人完成情况	分值	认定依据
论文或文学艺术作品发表	SCI（科学引文索引）、EI（工程索引）、SSCI（社会科学引文索引）、ISTP（科学技术会议录索引）、ISSHP（人文社会科学会议录索引）、A&HCI（艺术与文科引文索引）等检索，中文核心期刊、国际学术会议论文集（外文版）		独撰或第一作者	4	有正式刊号的学术类刊物，提供刊物目录和录用文章；期刊等级按学校当年期刊等级目录确定
			第二、三作者	2	
			其他排名	1	
	国内一般学术期刊、港澳台地区学术期刊、国内有刊号学术会议论文集、各类学术期刊增刊，《人民日报》《文汇报》《光明日报》《文艺报》《中国教育报》理论版		独撰或第一作者	2	
			第二、三作者	1	
	全国性报刊、省级报刊		独撰或第一作者	1	文字类作品一般不少于1000字/篇
	市级报刊、学院报刊		独撰或第一作者	0.5	
课题研究	研究成果被采纳	被市级以上政府部门采纳	负责人或主要研究人	2	研究报告，采纳单位证明
		被学院或企业采纳	负责人或主要研究人	1	
		被系部采纳	负责人或主要研究人	0.5	
专著、译著	国家一级出版社			4	"国家一级出版社"以当年公布的目录为准
	其他出版社			2	
科技成果	省部级			4	以科技主管部门鉴定意见；专利证书、证明等为准
	市级			2	
	院级			1	
发明及专利	取得发明专利、实用新型专利、外观设计专利或软件著作权			4	
参加教师科研项目工作	厅级及以上			2	是教师科研项目的项目组成员，且有相应教师提供的学生参加科研工作的证明
	其他			1	

续表

项目类	内容或等级		本人完成情况	分值	认定依据
学校组织的各类学科（专业）竞赛、科技类竞赛、发明创造大赛等、人文类竞赛	体育、艺术类专业组比赛；经教务处或团委认可，学院组织的其他学科（专业）、科技类竞赛、发明创造竞赛等	国家级竞赛第1名或一等奖及以上		4	相关证书或文件
		国家级竞赛第2~3名或二等奖		3	
		国家级竞赛第4~8名或三等奖，省级竞赛第一名或一等奖以上		2	
		国家级竞赛优胜奖、鼓励奖、参赛奖等，省级竞赛第2~3名或二等奖，行业协会竞赛第一名或一等奖以上		1.5	
		省级竞赛第4~8名或三等奖，行业协会竞赛2~3名或二等奖，院级竞赛第一名或一等奖以上		1	
		行业协会竞赛第4~8名或三等奖，院级竞赛第2~3名或二等奖		0.5	
校外创业实践	拿到地方创业基金、风险投资基金			4	相关证明
网上创业实践	网上商店获三钻或相应等级			2	相应证明或证书；每个网店限报2名
	开办网上商店获1~2钻或相应等级			1.5	
创业获奖	国家级获奖			4	相应证明或证书，每个创业团队限报5名
	省级以上			3	
	市级以上			2	
	院级获奖			1	

续表

项目类	内容或等级		本人完成情况	分值	认定依据
创新创业实践活动	入住创业街			2	相关证书或文件；活动现场签到
	入住跳蚤夜市			1	
	双创沙龙	省级		0.8	
		市区级		0.7	
		院级		0.5	
		系级		0.4	
	双创讲座	省级		0.8	
		市区级		0.7	
		院级		0.5	
		系级		0.4	
大学生创业训练项目	省级			2	通过项目结题评审
创新创业竞赛	参加各类创新创业大赛	国家级		1.5	相关证书或文件；每个创业团队主要队员5名；一个项目按最高级别加分，不重复加分
		省部级		1	
		市区级		0.8	
		院级		0.5	
		观摩人员		0.1	
	创新创业学院认定比赛				参照各类创新创业大赛加分标准执行
创新创业培训	创新创业训练营			2	相关证书
	创业培训			2	
自主创业	完成公司登记注册			1	营业执照，在校期间或休学期间自主创建公司并顺利营业
	入住众创空间			2	
其他	经创新创业学院认定			酌情加分	相关证明、文件，最高不得超过2分
创新创业俱乐部	担任创新创业干部			0.8	经创新创业学院考核合格
	担任创新创业干事			0.4	

第二部分

学生管理

四川交通职业技术学院
国家奖助学金评审办法

第一章 总 则

第一条 为规范学院国家奖学金评审工作，保证评审工作的公正、公平、公开，根据《教育部 财政部关于印发〈本专科生国家奖学金评审办法〉的通知》（教财函〔2019〕105号）及相关规定要求特制定本办法。

第二条 评审机构及职责

（一）学院国家奖助学金评审工作组。学院国家奖助学金评审工作组在学院资助工作领导小组领导下开展工作。由学院学生工作分管领导任组长，学生工作部负责人任副组长，教务处负责人、团委负责人、创新创业学院负责人、各系党总支书记、教师代表、学生代表为组成成员。讨论和决定有关学生奖资助的重要事项，制定奖励资助的具体评定办法，全面负责评审工作、过程监督、申诉裁决等事项，提出评审意见。

（二）系部奖资助评审工作组。各系党总支书记任组长，党总支副书记、团总支书记、各系干事、全体辅导员为组成成员，负责各系国家奖助学金评审和候选人推荐工作。

（三）班级奖资助评审小组。班级辅导员任组长，班长、团支部书记和不低于10%的学生代表组成（参评学生需回避），负责本班级（年级、专业）国家奖助学金申请学生资格审查，通过民主评议、表决的方式向本系推选出国家奖助学金候选人。

第二章 国家奖学金

第三条 国家奖学金设立

国家奖学金由中央政府出资设立，用于奖励全日制普通高职学生中特别优秀的学生。

第四条 国家奖学金标准

国家奖学金奖励标准为每生每年8 000元。

第五条 申请国家奖学金基本条件

（一）具有中华人民共和国国籍。

（二）热爱社会主义祖国，拥护中国共产党的领导。

（三）遵守宪法和法律，遵守学校规章制度。

（四）诚实守信，道德品质优良。

（五）在校期间学习成绩优异，创新能力、社会实践、综合素质等方面特别突出。

（六）全日制普通高职二年级及以上年级在校生。

第六条　申请国家奖学金具体条件

在符合基本条件的前提下，申请人还应满足以下具体条件：

（一）在校表现。学习成绩优异，社会实践、创新能力、综合素质等方面特别突出，在校期间无任何违法违纪行为和受处分记录，积极参加义务劳动和公益活动，学年出勤率为全勤。

（二）成绩要求。参评学年无补考和重修，且成绩排名与综合考评成绩排名均位于评选范围内前10%（含10%，不可四舍五入）。学习成绩排名和综合考评成绩排名没有进入前10%，但达到前30%（含30%，不可四舍五入）的学生，如在其他方面表现非常突出，也可申请本专科生国家奖学金，但需提交详细的证明材料。其他方面表现非常突出是指在道德风尚、学术研究、学科竞赛、创新发明、社会实践、社会工作、体育竞赛、文艺比赛等方面表现特别优秀。具体如下：

1. 在社会主义精神文明建设中表现突出，具有见义勇为、助人为乐、奉献爱心、服务社会、自立自强的实际行动，在本校、本地区产生重大影响，在全国产生较大影响，有助于树立良好的社会风尚。

2. 在学术研究上取得显著成绩，以第一作者发表的通过专家鉴定的高水平论文，以第一、二作者出版的通过专家鉴定的学术专著。

3. 在学科竞赛方面取得显著成绩，在国际和全国性专业学科竞赛、课外学术科技竞赛、中国"互联网+"大学生创新创业大赛、全国职业院校技能大赛等竞赛中获一等奖（或金奖）及以上奖励。

4. 在创新发明方面取得显著成绩，科研成果获省、部级以上奖励或获得通过专家鉴定的国家专利（不包括实用新型专利、外观设计专利）。

5. 在体育竞赛中取得显著成绩，为国家争得荣誉。非体育专业学生参加省级以上体育比赛获得个人项目前三名，集体项目前二名；高水平运动员参加国际和全国性体育比赛获得个人项目前三名、集体项目前二名。集体项目应为上场主力队员。

6. 在艺术展演方面取得显著成绩，参加全国大学生艺术展演获得一、二等奖，参加省级艺术展演获得一等奖；艺术类专业学生参加国际和全国性比赛获得前三名。集体项目应为主要演员。

7. 获全国十大杰出青年、中国青年五四奖章、中国大学生年度人物等全国性荣誉称号。

8. 其他应当认定为表现非常突出的情形。

第七条　国家奖学金评选办法

国家奖学金采取优中选优、综合竞选的方式产生。具体评选方式如下：

（一）国家奖学金由综合评分和竞选评分两部分构成，具体参见附录《四川交通职业技术学院国家奖学金评分细则》。

（二）各系根据当年划拨至本系的拟推荐名额确定候选人，参加学院国家奖学金竞选。

（三）学院国家奖学金学院推荐名单由综合评分加竞选评分总分由高至低选取产生。

（四）符合基本条件和具体条件的学生如有以下情况可直接获得向省级教育行政部门推荐国家奖学金候选人资格。

1. 参加国际级技能大赛进入国家集训队。

2. 国家级技能大赛获一等奖。

3. 经学院认可对学院具有突出贡献。

第八条　国家奖学金评审工作程序

1. 分配推荐名额。学院资助工作领导小组综合学生人数、特殊专业等因素集体讨论决定本年度国家奖学金名额分配方案，对本年度评审工作提出指导意见。

2. 召开预备会。国家奖助学金评审工作组组长主持召开预备会，向评审工作组介绍相关情况，决定本年度国家奖助学金评审工作方案。评审方案和名额分配结果在全校范围内公布，任何部门和个人不得在任何环节以任何理由预留、截留名额。

3. 评审工作组成员名单公示。学院国家奖助学金评审工作组成员名单由学工部在全院范围内进行公示，系部成立系级奖资助评审工作组和班级评审小组，成员名单在班级和系部进行公示。

4. 广泛宣传。各系根据当年评审文件要求制定评选细则，宣传评选政策。

5. 学生申请。学生根据文件第五、六、七条规定提出书面申请，向班级奖资助评审小组递交申请材料。

6. 系部评审。班级奖资助评审小组初审后报系部奖资助评审工作组，各系奖资助评审工作组召开评审会议，审查申请学生资格和综合情况，通过民主评议和表决方式提出国家奖学金候选人名单，在全系公示5个工作日，无异议后报学生工作部资助管理中心。

7. 学院评审。学生工作部资助管理中心组织召开学院评审会，学院国家奖助学金评审工作组按规定审查各系评审程序是否规范、参评学生资格条件等是否符合要求，综合评议提出学院国家奖学金推荐人名单，经学院国家奖助学金评审工作组组长签字同意后，在全校范围内进行不少于5个工作日的公示。公示无异议后，报省级教育行政部门。

8. 上级审批。省级教育行政部门审核、汇总后，报教育部审批。通过教育部审批的获奖学生由学院计财处将国家奖学金一次性发放至本人银行卡。

9. 资料归档。国家奖学金档案应完整保存，相关要求参照《四川交通职业技术学院学生资助档案管理办法（试行）》川交职院发〔2020〕57号执行。

第三章　国家励志奖学金

第九条　国家励志奖学金设立

国家励志奖学金由中央和地方政府共同出资设立，用于奖励资助全日制普通高职学生中品学兼优的家庭经济困难学生。

第十条 国家励志奖学金标准

国家励志奖学金奖励标准为每生每年5 000元。

第十一条 申请国家励志奖学金的基本条件

1. 具有中华人民共和国国籍。

2. 热爱社会主义祖国，拥护中国共产党的领导。

3. 遵守宪法和法律，遵守学院规章制度。

4. 诚实守信，道德品质优良。

5. 学习成绩优秀。

6. 家庭经济困难、生活俭朴。

7. 全日制普通高职二年级及以上年级的在校学生。

第十二条 国家励志奖学金具体条件

（一）参评对象。在参评学年通过了家庭经济困难认定的品学兼优学生。

（二）在校表现。在校期间无任何违纪违法行为，积极参加义务劳动和公益活动。

（三）成绩要求。参评学年学习成绩排名与综合考评排名必须同时进入评选范围的前10%（不可四舍五入）。对于两项排名或其中一项排名没有进入前10%，但均达到前30%（不可四舍五入）的学生，须在参评学年度至少获得一次校级及以上官方表彰奖励。

第十三条 国家励志奖学金评选办法

符合第十一、十二条要求的申请学生，按学生品学量化分排序，从高到低依次评选。品学量化分计算公式按参评学年的《学生守则》规定执行。

第十四条 国家励志奖学金评审程序

1. 分配推荐名额。学院资助工作领导小组综合学生人数、特殊专业等因素集体讨论决定本年度名额分配方案，对本年度评审工作提出指导意见。

2. 召开预备会。国家奖助学金评审工作组组长主持召开预备会，向评审工作组介绍相关情况，决定本年度评审工作方案。评审方案和名额分配结果在全校范围内公布，任何部门和个人不得在任何环节以任何理由预留、截留名额。

3. 评审工作组成员名单公示。学院国家奖助学金评审工作组成员名单由学工部在全院范围内进行公示，系部成立系级奖资助评审工作组和班级评审小组，成员名单在班级和系部进行公示。

4. 广泛宣传。各系根据当年评审文件要求制定评选细则，向各班级（专业、年级）科学合理分配推荐名额，宣传评选政策。

5. 学生申请。学生根据文件第十一、十二条规定提出书面申请，向班级奖资助评审小组递交申请材料。

6. 系部评审。班级奖资助评审小组初审并公示无异议后报系部奖资助评审工作组，各系奖资助评审工作组召开评审会议，审查班级评审情况、申请学生成绩和综合表现，通过民主评议方式提出国家励志奖学金候选人名单，在全系公示5个工作日，无异议后报学生工作部资助管理中心。

7. 学院评审。学生工作部资助管理中心组织召开学院评审会，学院国家奖助学金评审工作组按规定审查各系评审程序是否规范、参评学生资格条件等是否符合要求，综合评议提出学院国家励志奖学金推荐人名单，经学院国家奖助学金评审工作组组长签字同意后，在全校范围内进行不少于 5 个工作日的公示。公示无异议后，报省级教育行政部门。

8. 上级审批。通过省级教育行政部门审批的获奖学生由学院计财处将国家励志奖学金一次性发放至本人银行卡。

9. 资料归档。国家励志奖学金档案应完整保存，相关要求参照《四川交通职业技术学院学生资助档案管理办法（试行）》川交职院发〔2020〕57 号执行。

第四章　国家助学金

第十五条　国家助学金的资助对象

国家助学金用于资助全日制普通高职学生中家庭经济困难的学生。

第十六条　国家助学金的资助标准

国家助学金分为 1、2、3 档次。现资助标准为：1 档 2 100 元/年，2 档 3 300 元/年，3 档 4 500 元/年。资助标准随国家政策的变化及时进行调整。

第十七条　国家助学金资助对象

国家助学金用于资助全日制普通高职学生中家庭经济困难的学生。

第十八条　申请国家助学金的基本条件

1. 具有中华人民共和国国籍。

2. 热爱社会主义祖国，拥护中国共产党的领导。

3. 遵守宪法和法律。

4. 诚实守信，道德品质优良。

5. 勤奋学习，积极上进。

6. 当前学年通过家庭经济困难认定，生活俭朴。

第十九条　国家助学金的评定办法

（一）评定档次

国家助学金共分为三个资助档次：一档助学金资助家庭经济认定为一般困难或困难等级的学生；二档助学金资助家庭经济认定为困难或特殊困难等级的学生；三档助学金资助家庭经济认定为特殊困难等级的学生。

（二）评选细则

1. 大一新生。按认定的家庭经济困难等级排序，并参照到校后的学习生活表现及消费行为进行综合评定。

2. 大二、大三学生。在困难等级相同的申请学生中，按照学生品学量化分排序，从高到低依次评选。品学量化分计算公式按评定学年的《学生守则》规定执行。对于同等条件下的参评学生，按参加义务劳动、公益活动、校内勤工助学的时长从高至低依次评选。

3. 困难等级高的学生具有优先评定国家助学金的资格。即优先评定特别困难学生，其次评定困难学生，最后评定一般困难学生。

（三）取消助学金的情况

1. 如发现有弄虚作假不诚信申请助学金者立即取消并追回所发助学金，并记入个人诚信档案。

2. 如在享受国家助学金期间，如有大吃大喝、购买奢侈品等与家庭经济困难不相符合的消费现象，立即取消并追回国家助学金。

3. 不遵守学校纪律和国家法律法规，违法乱纪的情况。

（四）暂停发放国家助学金的情况

受助学生退学、休学、学籍转出、应征入伍，暂停发放国家助学金。

第二十条 国家助学金评审程序

国家助学金的评审坚持公开、公平、公正的原则，按学年申请，每学年评审一次。

1. 分配推荐计划。学院资助工作领导小组综合学生人数、困难学生认定情况、生源地、特殊专业等因素集体讨论决定本年度名额分配方案，对本年度评审工作提出指导意见。

2. 召开预备会。国家奖助学金评审工作组组长主持召开预备会，向评审工作组介绍相关情况，决定本年度国家助学金评审工作方案。评审方案和计划分配结果在全校范围内公布，任何部门和个人不得在任何环节以任何理由预留、截留名额。

3. 评审工作组成员名单公示。学院国家奖助学金评审工作组成员名单由学工部在全院范围内进行公示，系部成立系级奖资助评审工作组和班级评审小组，成员名单在班级和系部进行公示。

4. 广泛宣传。各系根据当年评审文件要求制定评选细则，向各班级科学合理分配推荐计划名额和金额，宣传评选政策。

5. 学生申请。学生根据文件第十七、十八、十九条规定提出书面申请，向班级奖资助评审小组递交申请材料。

6. 班级评议。班级奖资助评审小组根据下达的推荐名额和金额，对本班级中提出申请的学生通过资格审查、民主评议和表决的方式，推荐出各档次国家助学金候选人，推选结果在本班级公示1个工作日，无异议后报系奖资助评审工作组。

7. 系部评审。各系奖资助评审工作组召开评审会议，审查班级评审情况、申请学生资格等，通过民主评议方式提出国家助学金建议名单及档次，在全系公示3个工作日，无异议后报学生工作部资助管理中心。

8. 学院评审。学生工作部资助管理中心组织召开学院评审会，学院国家奖助学金评审工作组按规定审查各系评审程序是否规范、参评学生资格条件等是否符合要求，综合评议提出学院国家助学金推荐人名单，经学院国家奖助学金评审工作组组长签字同意后，在全校范围内进行不少于5个工作日的公示。公示无异议后，报省级教育行政部门备案。

9. 上级审批。通过省级教育行政部门备案的受助学生由学院计财处将国家励志奖学金一次性发放至本人银行卡。

10. 资料归档。国家助学金档案应完整保存，相关要求参照《四川交通职业技术学院学生资助档案管理办法（试行）》川交职院发〔2020〕57号执行。

第二十一条 附则

1. 同一学年度，国家奖学金和国家励志奖学金不可兼得，但符合评审条件的家庭经济困难学生可以同时申请国家助学金和国家类奖学金。

2. 在学院国家奖学金评审会通过差额评审落选的学生，如果是家庭经济困难学生，优先获得学校向省级教育行政主管部门推荐国家励志奖学金候选人的资格。

3. 师生对评定结果有异议，在公示期内可向公示部门提出质疑。公示部门应在接到异议材料的3个工作日内予以答复，如情况属实，将做出调整。

4. 国家奖助学金评审方案和计划分配结果在全校范围内公布，任何部门和个人不得在任何环节以任何理由预留、截留名额。

5. 任何部门和个人不得在任何环节以任何理由预留、截留计划名额和金额。对违反国家奖助学金评审政策，滥用职权、玩忽职守、徇私舞弊等侵害受奖助学生利益的个人，以及不担当、不作为造成监管失守的，要按照相关规定和管理权限严肃问责追责。

6. 国家奖学金获奖学生由国家教育部发文表彰，国家励志奖学金获奖学生由省级教育行政部门发文表彰。

7. 国家助学金按学年评定，按学期平均发放。

8. 本办法从发文之日起执行，《四川交通职业技术学院国家奖助学金评审办法(2020年修订)》废止。

9. 本办法由学生工作部负责解释。

附　件 四川交通职业技术学院国家奖学金评分细则

附件

四川交通职业技术学院
国家奖学金评分细则

<table>
<tr><td colspan="2">序号</td><td>评分项目</td><td>分值</td><td>类别</td><td>分值</td><td>评分标准</td><td>备注</td></tr>
<tr><td rowspan="8">综合评分</td><td>1</td><td>思想状况</td><td>5</td><td>思想状况</td><td>5</td><td>中共党员计3分；入党积极分子计1分；共青团员计1分；获道德风尚奖计2分</td><td rowspan="4">发表论文、专著、软著、专利、参与应用性或科研课题标准及要求参照《四川交通职业技术学院学生奖资助评定办法》中素质成果奖标准执行</td></tr>
<tr><td rowspan="3">2</td><td rowspan="3">学习能力</td><td rowspan="3">35</td><td>专业学习得分情况</td><td>30</td><td>专业得分=[30－（学习成绩专业排名/专业人数）×30]－（4－平均学分绩点）</td></tr>
<tr><td>职业能力</td><td>3</td><td>英语六级计2分；英语四级计1分
计算机二级证书计1分；
计算机一级证书0.5分
国家官方资格认定机构认定的与所学专业相关的资格证书计1分</td></tr>
<tr><td>科研能力</td><td>2</td><td>发表论文、专著、软著、专利、参与应用性或科研课题省级及以上计2分；院级计1分</td></tr>
<tr><td rowspan="4">3</td><td rowspan="4">技能竞赛成绩</td><td rowspan="4">40</td><td rowspan="2">国家级奖励</td><td rowspan="2">23</td><td>国家级一类竞赛的一等奖直接获得，二等奖计23分，三等奖计15分</td><td rowspan="4">技能竞赛要求参照《四川交通职业技术学院学生实践技能管理办法》（修订版）〔2019〕229号执行</td></tr>
<tr><td>国家级二类竞赛：一等奖记10分，二等奖记7分，三等奖记4分</td></tr>
<tr><td rowspan="2">省级奖励</td><td rowspan="2">12</td><td>省级类竞赛：一等奖计12分；二等奖计6分；三等奖计3分</td></tr>
<tr><td>省级二类竞赛：一等奖记2分；其他等级不计分</td></tr>
<tr><td></td><td></td><td></td><td>市、院级奖励</td><td>5</td><td>一等奖计5分；二等奖计2分；三等奖记1分</td><td></td></tr>
<tr><td colspan="2">序号</td><td>评分项目</td><td>分值</td><td colspan="2">评分标准</td><td>备注</td><td></td></tr>
<tr><td rowspan="6">竞选评分</td><td rowspan="3">4</td><td rowspan="3">演讲内容</td><td rowspan="3">15</td><td>专业技能展示</td><td>5</td><td>专业技能突出，创新能力强</td><td></td></tr>
<tr><td>综合素质展示</td><td>5</td><td>勇于担当责任、为集体作出贡献、积极参加校内外社会实践</td><td></td></tr>
<tr><td>先进模范展示</td><td>5</td><td>积极传播正能量、德智体美劳全面发展、能体现国家奖学金的先进模范代表性</td><td></td></tr>
<tr><td rowspan="3">5</td><td rowspan="3">演讲技巧</td><td rowspan="3">5</td><td>语言表达</td><td>2</td><td>表达流畅、逻辑清晰、吐字清晰</td><td></td></tr>
<tr><td>ppt制作</td><td>2</td><td>界面整洁、信息表达清晰、设计合理</td><td></td></tr>
<tr><td>个人风采</td><td>1</td><td>自信从容、语速适当、衣着整洁</td><td></td></tr>
</table>

四川交通职业技术学院
家庭经济困难学生认定办法

根据教育部等六部门《关于做好高等学校家庭经济困难学生认定工作的指导意见》（教财〔2018〕16号）和《四川省教育厅等六部门关于贯彻落实〈教育部等六部门关于做好家庭经济困难学生认定工作的指导意见〉的通知》（川教函〔2019〕274号）文件精神及要求，结合学院实际情况制定本办法。

第一条 认定对象

家庭经济困难认定对象为学院全日制普通高职在读家庭经济困难学生，家庭经济困难学生是指学生本人及其家庭的经济能力难以满足其在校学习期间的学习、生活基本支出的学生。

第二条 认定原则

1. 实事求是、客观公平。
2. 坚持公开透明与保护隐私相结合。
3. 严禁让学生当众诉苦、互相比困。
4. 坚持积极引导与自愿申请相结合。

第三条 认定机制

（一）实行责任主体制

家庭经济困难学生认定工作实行院长负责制，院长为家庭经济困难学生认定工作第一责任人；学生工作部负责人为家庭经济困难学生认定工作组织管理及监督第一责任人；各系党总支书记为本系家庭经济困难学生认定工作的第一责任人；各班辅导员为本班家庭经济困难学生认定工作的第一责任人。

（二）设立四级认定机构

学院学生资助工作领导小组、学生工作部学生资助管理中心、系级奖资助管理中心认定工作组、班级评议小组构成四级认定工作机构，其职责及要求是：

一级：学院学生资助工作领导小组负责领导、监督家庭经济困难学生认定工作。

二级：学生资助管理中心具体负责组织、指导和管理家庭经济困难学生认定工作。

三级：各系成立以系党总支书记为组长，系党总支副书记为副组长，系团总支书记、系学生工作干事、系学生辅导员等为成员的系资助工作组，负责本系的认定、评定等资助工作。系资助工作组成立后，其成员名单应在本系内向师生进行公示。

四级：以班级为单位成立以辅导员任组长，以班长、团支部书记和学生代表为成员的班级评议小组，负责认定、评定等奖资助的民主评议工作。学生代表由学生民主推荐产生，人数应不少于班级总人数的 10%，申请家庭经济困难认定的学生不能担任学生代表。认定评议小组成立后，其成员名单应在班级范围内公示 1 天。

第四条　认定依据

根据不同学生的家庭经济困难程度，家庭经济困难学生认定等级从高到低分为特别困难、困难和一般困难三个等级。

特别困难是指学生及家庭完全不能提供其在校期间的学习、生活基本开支；困难是指学生及家庭仅能小部分提供其在校期间的学习、生活基本开支；一般困难是指学生及家庭尚不能完全提供其在校期间的学习、生活基本开支。具体详见《四川交通职业技术学院家庭经济困难学生认定对照表》。

第五条　认定程序及要求

认定工作于每学年 9—10 月集中开展，由班级评议小组、系资助工作组、学生资助管理中心、学院学生资助工作领导小组按照职责要求共同完成。

（一）提前告知环节

招生就业处在寄发新生录取通知书时同时寄发国家资助政策简介，向学生全面宣传国家资助政策和家庭经济困难学生认定程序及依据；各系在放暑假前以班会等形式告知全体学生家庭经济困难认定的相关要求。

（二）个人申请环节

1．每学年开学时（9 月），由学生资助管理中心组织各系全面启动家庭经济困难学生认定工作。

2．辅导员负责组织宣传，调查了解申请学生家庭真实情况，并按要求组建班级评议小组，经公示并无异议的评议小组才具有评议资格。

3．学生自愿申请，填报《四川交通职业技术学院家庭经济困难学生认定申请表》（一式两份）并承诺所填报信息真实有效。

（三）开展认定环节

1．班级评议小组根据学生提交的《四川交通职业技术学院家庭经济困难认定申请表》，参考《四川交通职业技术学院家庭经济困难学生认定分析表》，结合学生日常消费行为以及影响家庭经济状况的有关因素，认真、严格进行综合评议，拟定家庭经济困难学生困难等级。

2．班级评议实行回避制，如涉及本人的评议须回避。认定环节要在适当范围内进行，坚决杜绝"贫困演讲"或"选贫困生"等现象的发生；坚决杜绝"一纸困难证明材料定困难生身份"和"无困难材料不能参与困难认定"等现象的发生；不能搞全员认定。

3．系资助组对班级评议小组的认定结果进行审核，可采取个别访谈、大数据分析、信函索证、量化评估、民主评议等方式提高家庭经济困难学生的认定精准度。

4．学生工作部资助管理中心对各系认定结果进行复核。

（四）结果公示环节

1. 公示原则：严格遵循国家有关个人信息保护的相关法规制度，坚持信息简洁、够用原则，仅公示受助学生姓名、年级、班级、认定结果等基本信息，不得将学生身份证号码、家庭住址、电话号码、出生日期、贫困原因等个人信息进行公示；不得在网络等容易扩散、造成不良影响的平台上公示；公示期满后及时撤下公示内容。

2. 公示要求：班级评议结果在班级 QQ 群公示 2 个工作日，无异议后报系资助工作组审核；系资助工作组要认真检查班级评议小组的工作程序和审核班级评议结果，将评议结果同时分别在系官网和学生所在宿舍区公示 3 个工作日；系认定结果公示无异后报学生资助管理中心，学生资助管理中心对各系认定程序、认定结果进行复核后，报学院资助工作领导小组审批，审定结果在学生工作部官网公示 5 个工作日。

（五）建档备案环节

1. 班级认定过程须全程如实记录存档，评议结果须经评议小组成员签字确认，交系学生干事存档备案。

2. 系学生干事要对评审会议做好全程记录并存档，对公示栏要进行拍照存档，对公示无异议后的学生的名单和申请材料进行整理，统一存档，各系要建立系家庭经济困难学生信息档案。

3. 资助管理中心负责对学院资助工作领导小组评审会议做全程记录并保存；负责将通过认定的全院家庭经济困难学生名单和申请表交学院档案室存档（须扫描电子件）。

4. 资助管理中心和各系要组织通过公示的家庭经济困难学生按要求录入全国学生资助管理系统和四川省学生资助管理系统。

5. 保存期限：电子档案须永久保存，纸质档案保存期为 10 年。

第六条 监督检查机制

资助管理中心将对各系认定工作进行监督检查。认定工作进行初期，重点检查各系、各班认定机构的成立及合法性；认定工作进行中期，重点监督各系认定流程的规范性，并抽查班级认定情况；认定工作后期，严格审查认定结果的精准性，不允许有越级认定或降级认定等不按指标结构认定的情况。

师生对评议结果有异议，可向本系资助工作组投诉或质疑。系资助工作组应在接到异议材料的 3 个工作日内予以答复，如对答复仍有异议，可向学院学生资助管理中心提请复议。学院学生资助管理中心应在接到复议后的 3 个工作日内予以答复，如反映的情况属实，责令系资助工作组对评议结果做出调整。

资助管理中心设公开举报电话 028-82680698，对家庭经济困难学生认定过程及结果接受公开监督。

第七条 动态管理机制

各系应不定期地随机抽选一定比例的家庭经济困难学生，通过信件、电话、平时观察、实地走访等方式对家庭经济困难认定精准度进行核实，并建立台账。3—4 月为集中复查期，学生资助管理中心将组织各系对所有家庭经济困难学生进行资格复查,对于秋季学期集中进行家庭经济困难学生认定工作中有偏差的情况,应在春季学期复查中予以纠正。

对于家庭经济困难学生,如家庭经济明显好转,不再符合认定条件及认定档次的要及时予以调整;对于家庭发生突然变故导致家庭经济困难的要及时给予认定;如发现受助学生有弄虚作假或大吃大喝、购买奢侈品等不节俭行为,要立即取消资助资格并收回资助资金,情节严重的,学院将依据有关规定进行严肃处理。以上情况应在发现日起五个工作日内报学生资助管理中心,以确保资助工作的精准性。

第八条 附则

本办法由学生工作部负责解释《四川交通职业技术学院家庭经济困难学生认定办法(修订)》(川交职院发〔2018〕143号)同时废止。

附件1 四川交通职业技术学院家庭经济困难学生认定申请表
附件2 家庭经济困难学生认定诚信承诺书

附件 1

四川交通职业技术学院
家庭经济困难学生认定申请表

学校：_____ 院系：_____ 专业：_____ 年级：_____ 班级：_____

学生基本情况	姓　名		性别		出生年月		籍贯	
	身份证号码		家庭人口		手机号码			
	家庭地址	不填楼栋和门牌号					户口性质	城镇□ 农村□
	邮政编码		家长手机号码					

家庭成员情况	姓名	年龄	与学生关系	工作（学习）单位	职业	年收入（元）	健康状况

序号	家庭具体情况		若有请在相应栏勾选√
1	政府认定的情况（单选，只能勾选其中一项）	脱贫家庭学生	
2		脱贫不稳定家庭学生	
3		边缘易致贫家庭学生	
4		最低生活保障家庭学生	
5		特困供养人员	
6	单选，只能勾选其中一项	孤儿（含事实无人抚养）	
7		享受国家定期抚恤补助的优抚对象（含烈士子女、牺牲军人子女）、因公牺牲警察子女	
8	学生本人残疾（四级及以上）		
9	父亲（或单亲家庭抚养人）为残疾人	四级及以上	
10	母亲为残疾人	四级及以上	
11	学生本人患重大疾病		
12	父母身患重大疾病（单选，只能勾选其中一项）	父母均患重大疾病（不含残疾）	
13		父母一方患重大疾病（不含残疾）	
14	家庭其他成员身患重大疾病	家庭子女（不含学生本人）患重大疾病（不含残疾）	
15		祖父母患重大疾病（不含残疾）	
16	家庭遭受重大自然灾害（单选，只能勾选其中一项）	家庭遭受重大自然灾害，造成人身或财产巨大损失（一年内）	
17		家庭遭受重大自然灾害，造成人身或财产巨大损失（一年以上两年以内）	

续表

18	特殊情况，须经系认定小组组长审批的加分项	一年内家庭遭重大突发意外事件导致家庭经济特别困难，严重影响学生在校学习和生活（不含自然灾害和重大疾病）	
19		家庭受遭受疫情影响一年以上无任何收入	
20		其他	
21	户籍所在地	革命老区、原中央苏区、少数民族自治地区	
22	户籍性质	农村户籍	
23	民族	少数民族	
24	父母从业情况（单选，只能勾选其中一项）	父母均没有工作（不含农村非家庭的种植户或养殖户、经商、技术含量打工）	
25		父母一方没有工作（不含农村非家庭的种植户或养殖户、经商、技术含量打工）	
26		城镇特困职工	
27	父母文化（单选，只能勾选其中一项）	父母均为初中及以下文化程度	
28		父母一方为初中及以下文化程度	
29	父母年龄（单选，只能勾选其中一项）	父母均为60周岁及以上	
30		父母一方为60周岁及以上	
31	母亲一方抚养，且务农或无固定收入（不能同时选择9、12、24、27、29）		
32	赡养人口数（单选，只能选一项）	父母单独赡养老人，赡养人口数三位及以上（70周岁以上）	
33		父母单独赡养老人，赡养人口数两位及以上（70周岁以上）	
34	家庭在学人数（单选，只能勾选一项）	3人（含本人）及以上在上学	
35		2人（含本人）及以上在上学	

诚信承诺	（注：本人手工填写"本人承诺以上所填写资料真实，如有虚假，愿承担相应责任。"）	学生本人（或监护人）签字	年 月 日
班级评议建议	A.家庭经济特别困难 □ B.家庭经济困难 □ C.家庭经济一般困难 □ D.家庭经济不困难 □	陈述理由： 评议小组组长签字： 年 月 日	
认定意见	系意见	经评议小组推荐、本院（系）认真审核后， □同意评议小组意见 □不同意评议小组意见，调整为：_____ 系认定工作组组长签字： 年 月 日 （加盖部门公章）	学院学生资助管理机构意见	经学生所在院（系）提请，本机构认真核实， □同意工作组和评议小组意见 □不同意工作组和评议小组意见，调整为：_____ 年 月 日 （加盖部门公章）

说明：1. 双面打印，一式二份。
2. 请班级评议小组组长务必陈述认定理由。

附件 2

家庭经济困难学生认定诚信承诺书

_____系：_____ 班级：_____ 姓名：_____ 学号：_____

家庭经济困难情况描述：

签名：
时间：　　年　　月　　日

诚者，天之道；思诚者，人之道。我深知诚信是做人之根本，言不信者，行不果。

我申请家庭经济困难学生认定，承诺以上描述完全真实，若有虚假将按照《四川交通职业技术学院学生违纪处理管理办法》第三章第七条第 8 款处理：给予记过以上处分，取消所有在校期间评优、评先进及奖资助资格，并存入个人档案。

(此为模板请抄写在下方)

承诺人：
时间：　　年　　月　　日

四川交通职业技术学院
特殊困难学生补助管理办法

第一章 总 则

第一条 为了向因重大疾病、突发灾难导致经济困难学生提供及时有效的帮助,根据教育部、四川省教育厅相关文件精神,结合我院实际情况,特制定本办法。

第二条 特殊困难学生补助在学院每年预算安排的学生奖助学金专项经费中列支。

第三条 各系负责本系特殊困难补助的申请和初评工作;学生工作部资助管理中心负责审核评审工作;学院国家奖助学金评审领导小组负责审定工作。

第四条 对于在校园内需要开展社会定向捐助、临时捐助资金者,由发起部门提前报学生工作部批准备案,在有效的监督下,将所有捐助资金发放到对口捐助的学生或其合法监护人手上。

第二章 特殊困难补助类型

第五条 特困新生补助、特困生活补助、重大疾病补助和其他特殊困难补助。

第三章 特困新生补助

第六条 按照国家有关高等学校招生规定被我院正式录取的全日制普通类特困新生报到入学,生活费确实偏低,严重影响学习生活的,在辅导员的指导下填写《四川交通职业技术学院特困新生补助申请审批表》(见附件1,可在学工部网页下载),并出具《高校学生家庭情况调查表》或相关证明材料,经审核批准给予临时生活补助1 000元/人。

第七条 全院补助人数,不超过入学新生的1%。

第八条 符合以下条件之一的特困新生,属于特困新生补助范围:

1. 无收入来源的孤儿。
2. 家庭经济困难的四级(含)以上伤残新生。
3. 来自相对贫困地区的家庭经济困难学生。
4. 家庭经济实在困难,无法办理生源地助学贷款,缴齐学杂费后严重影响在校基本生活的。
5. 经认定的其他家庭经济特殊困难情况,确需进行临时生活救助的新生。

第九条　审批程序。按《特困新生补助申请审批表》流程办理审批程序。系报送材料包括《特困新生补助申请审批表》《高校学生家庭情况调查表》(或相关证明材料)、《四川交通职业技术学院特困新生补助汇总表》(见附件 5)。系报送时间在新生报到结束一周内。发放时间原则上不超过十个工作日，由学院财务处发放到学生银行卡上。

第四章　特困生活补助

第十条　申请特困生活补助必须同时具备以下条件：

1．在我院就读的具有高等教育全日制普通类正式学籍的学生。

2．遵守宪法和法律，遵守高校学生行为准则和学校的规章制度，无违纪处分记录。

3．道德品质优良，孝敬父母，尊重老师，尊老爱幼，诚实守信，懂得感恩，勤俭节约，吃苦耐劳，着装整洁规范，展现的精神风貌和行为仪表能够体现良好的社会主义道德风尚。

4．学习态度端正，勤奋刻苦，上学年重修课程不超过三门，无旷课(大一学生本学期无旷课)。

5．通过了学院家庭经济困难认定，属于家庭经济特殊困难等级学生，国家助学金补助难以支付其在校期间的基本生活费用。

对符合以上条件的孤儿、四级（含）以上伤残的家庭经济困难学生、烈士子女、优抚家庭子女予以优先照顾。

第十一条　特困生活补助标准和名额。

1．补助标准：孤残学生按 2 000 元/人标准补助，其余特困学生按 1 000 元/人标准进行补助。

2．补助名额：根据当年各系孤残特困学生人数和实际情况而定。

第十二条　申请评审程序。

1．政策宣传：文件下发后，辅导员以班会形式宣传，让学生知晓。

2．学生申请：符合条件的学生向辅导员提交以下申请材料：《四川交通职业技术学院特困生活补助申请审批表》(见附件 2)。

3．初审：辅导员根据申请条件，调查核实学生及家庭情况，召开班级评议小组会议，并将评议结果在全班公示无异议后，报系奖资助评审工作小组审核。

4．系审核：系奖资助评审工作小组审核后，在全系范围公示 3 个工作日，无异议后报学生工作部资助管理中心。

5．学生工作部资助管理中心复核，复核结果在全院范围公示 5 个工作日无异议后，报学院国家奖资助工作领导小组决定补助名单和额度。

6．特困生活补助由学院财务处一次性发放至受助学生个人银行卡上。

第十三条　特困生活补助发放和管理。

1．特困生活补助一般在秋季学期评定和发放，补助金用于补充基本生活费，或添置御寒衣被。不得用于任何形式的高消费，一经发现，立即追回。

2．获得特困生活补助的学生，须在本学年内参加学院各级部门组织的义务劳动或志愿者活动。

第五章 重大疾病补助

第十四条 重大疾病是指医治花费巨大且在较长一段时间内严重影响患者及其家庭正常工作和生活的疾病，包括：恶性肿瘤、严重心脑血管疾病、需要进行重大器官移植的手术、重型再生障碍性贫血（包括白血病）、造成终身严重残疾的伤病、永久性瘫痪、严重脑损伤、经输血导致的人类免疫缺陷病毒感染、系统性红斑狼疮、严重帕金森病等。

第十五条 重大疾病学生补助遵循公开公平、以人为本、及时高效的原则。

第十六条 重大疾病补助对象必须同时符合以下条件：

1．申请人必须是在我院就读的具有高等教育全日制普通类正式学籍的学生。

2．申请人原则上是通过了本学年认定的家庭经济困难学生，或普通工薪收入家庭学生，突发重大疾病造成家庭经济特别困难，前期治疗费用家庭自负部分超过5万元及以上。

第十七条 学生因参与违法活动造成的伤病，或因自伤、自残等行为造成的重大疾病，或所患疾病不属于国家规定的重大疾病种类，或有其他严重违法行为，均不在补助范围。

第十八条 申请重大疾病补助流程。

1．学生或其合法监护人填写《四川交通职业技术学院重大疾病补助申请审批表》(见附件3，可在学工部网页下载)，并提供二甲及以上医疗机构出具的病情诊断书和病历复印件、学生本人银行卡复印件。

2．按"重大疾病补助申请审批表"流程办理审批程序，从申请之日起不超过五个工作日办理完成审批手续。

3．通过学院审核同意的学生，给予一次性无偿补助，补助金额根据学生家庭经济困难情况和病情治疗情况而定，最高不超过2万元。补助款由学院财务处发放到学生银行卡上。

第六章 其他特殊困难补助

第十九条 其他特殊困难补助是为了帮助解决学生在校期间因突发情况而造成暂时性生活困难而给予的临时性、一次性补助。

第二十条 在我院就读的具有高等教育全日制普通类正式学籍学生，学习态度端正，并符合以下条件之一者，可申请其他特殊困难补助：

1．学生家庭突然遭遇重大自然灾害、突发重大灾害，造成重大财产损失，影响家庭正常生活和学生完成学业。

2．学生遭遇父、母亡故，家庭无经济来源，在校生活无保障。

3．学生父、母身患重大疾病，失去工作和经济来源，影响学生完成学业。

4．在学院组织的体育运动中非本人或他人恶意行为遭受身体重创。

5．经认定的其他特殊困难，确需进行临时救助的情况。

第二十一条 其他特殊困难补助标准。根据学生家庭困难情况和在校学习表现情况确定，最高不超过1万元。受助学生在校期间原则上只能申请一次。

第二十二条 其他特殊困难补助流程。

1．符合申请条件的学生填写《四川交通职业技术学院学生其他特殊困难补助申请审批表》(可在学工部网页下载），并附相关证明材料复印件（原件备查），按申请审批表流程完成审批程序。各级审批不超过五个工作日，补助金额由终审机构根据具体情况确定，由学院财务处发放到学生银行卡上。

2. 学生在申请其他特殊困难补助的同时，主要通过生源地助学贷款、申请国家助学金、参加勤工助学等方式解决学习、生活费用。

3. 获得其他特殊困难补助的学生，须在一年内参加学院各级部门组织的义务劳动或志愿者活动。

第七章　附　则

第二十三条　有下列情况之一者，学院不给予任何形式的困难补助（重大疾病和重伤学生情形补助除外）：

1. 有违法违纪或处分记录的。
2. 有不良消费行为或习惯者，如抽烟、酗酒及其他高消费的。
3. 学习态度不端正，每学年有三门及以上重修课程的。
4. 不申请助学贷款恶意拖欠学费、拒绝参加勤工助学和义务劳动的。
5. 家中发生变故不足以影响学生在校学业的。
6. 单纯为改善个人或家庭生活质量导致的临时性生活困难的。
7. 因个人的责任或恶意行为造成被盗、受伤等突发性事件而产生的临时性经济困难的。

第二十四条　有下列情况之一者，责令其退回补助金，并视情况轻重根据《学生守则》相关规定进行处理：

1. 提供的家庭经济困难证明材料或病情失实等有弄虚作假行为的。
2. 取得特殊困难补助后，有吸烟、酗酒、在社会营业性网吧和酒吧消费等生活不俭朴、挥霍浪费现象和习惯，情况属实的。
3. 取得特殊困难补助后受到纪律处分的。
4. 学院认定其他违反享受特殊困难补助的行为。

第二十五条　本办法由学生工作部负责解释。

附件 1　四川交通职业技术学院特困新生补助申请审批表
附件 2　四川交通职业技术学院特困生活补助申请审批表
附件 3　四川交通职业技术学院重大疾病补助申请审批表
附件 4　四川交通职业技术学院其他特殊困难补助申请审批表
附件 5　四川交通职业技术学院特困新生补助汇总表

附件 1

四川交通职业技术学院
特困新生补助申请审批表

系_____ 专业_____ 班级_____ 学号_____

<table>
<tr><td rowspan="4">本人情况</td><td>姓名</td><td></td><td>性别</td><td></td><td>出生年月</td><td></td></tr>
<tr><td>政治面貌</td><td></td><td>民族</td><td></td><td>入学时间</td><td></td></tr>
<tr><td>身份证号码</td><td colspan="3"></td><td>联系电话</td><td></td></tr>
</table>

<table>
<tr><td rowspan="3">家庭情况</td><td>家庭户口</td><td colspan="3">A. 城镇□　　　B. 农村□</td><td>家庭人口总数</td><td></td></tr>
<tr><td>家庭月总收入（元）</td><td></td><td>人均月收入</td><td></td><td>收入来源</td><td></td></tr>
<tr><td>家庭住址</td><td colspan="3"></td><td>邮政编码</td><td></td></tr>
</table>

<table>
<tr><td rowspan="7">家庭成员情况</td><td>姓　名</td><td>年　龄</td><td>与本人关系</td><td>工作或学习单位</td></tr>
<tr><td></td><td></td><td></td><td></td></tr>
<tr><td></td><td></td><td></td><td></td></tr>
<tr><td></td><td></td><td></td><td></td></tr>
<tr><td></td><td></td><td></td><td></td></tr>
<tr><td></td><td></td><td></td><td></td></tr>
<tr><td></td><td></td><td></td><td></td></tr>
</table>

<table>
<tr><td>申请理由</td><td></td></tr>
</table>

申请理由	本人签名： 年　　月　　日
辅导员意见	辅导员签名： 年　　月　　日
系意见	签字（公章）： 年　　月　　日
学院审核	（学工部章） 年　　月　　日

注：1. 双面打印有效。
　　2. 附《高校学生家庭情况调查表》复印件。辅导员审核原件，并在复印件上签字确认"原件已审核。辅导员：_____"。

附件 2

四川交通职业技术学院
特困生活补助申请审批表（　　年）

系：_____　专业：_____　班级：_____

基本情况	姓名		性别		出生年月	
	学号		民族		入学时间	
	身份证号					
	政治面貌		联系电话			
家庭经济情况	家庭户口	□城镇　□农村		家庭人口总数		
	家庭月总收入		人均月收入		收入来源	
	家庭住址				邮政编码	

上学年必修选修课程_____门，正考合格_____门，补考合格_____门，重修_____门

义务劳动或公益活动情况	

申请理由	

续表

申请理由	
	申请人签名： 　　　年　　月　　日
班级评议小组意见	请写明学生具体困难情况和在校学习表现 辅导员签字： 　　　年　　月　　日
系意见	经系评审小组审核和评议，并在__全系__范围内经过____月____日至___月____日公示，现无异议，同意该同学获得孤残特困生活补助。 签字：（盖章） 　　　年　　月　　日
学院意见	经评审，并在__全院__范围内公示_____五_____天，无异议，同意该同学获得孤残特困生活补助金_____元。 （公　章） 　　　年　　月　　日

注：双面打印有效。

附件 3

四川交通职业技术学院
重大疾病补助申请审批表

姓名		系		班级	
学号		性别		民族	
身份证号码		工商银行卡号			
家庭户口		A. 城镇□		B. 农村□	
家庭地址				邮编	
父亲姓名		工作单位			
母亲姓名		工作单位			
申请理由	详细病情： 家庭经济情况： 申请人：　　　　　　　　　联系方式： 　　　　　　　　　　　　　　年　月　日				
辅导员意见	家庭经济情况及意见： 辅导员： 　　　　　　年　月　日				
系意见	 签字（公章）： 　　　　　　年　月　日				
学工部负责人	年　月　日	分管院领导		补助金额　　　　元。 　　　　　年　月　日	

060

附件 4

四川交通职业技术学院
其他特殊困难补助申请审批表

_____系_____专业_____班级 学号_____

<table>
<tr><td rowspan="3">本人情况</td><td>姓名</td><td></td><td>性别</td><td></td><td>出生年月</td><td></td></tr>
<tr><td>政治面貌</td><td></td><td>民族</td><td></td><td>入学时间</td><td></td></tr>
<tr><td>身份证号码</td><td colspan="3"></td><td>工商银行卡号</td><td></td></tr>
<tr><td rowspan="2">家庭情况</td><td>家庭户口</td><td colspan="2">A. 城镇□</td><td>B. 农村□</td><td>家庭人口总数</td><td></td></tr>
<tr><td>家庭住址</td><td colspan="3"></td><td>邮政编码</td><td></td></tr>
<tr><td rowspan="5">家庭主要成员情况</td><td>姓名</td><td>年龄</td><td colspan="2">与本人关系</td><td colspan="2">工作或学习单位</td></tr>
<tr><td></td><td></td><td colspan="2"></td><td colspan="2"></td></tr>
<tr><td></td><td></td><td colspan="2"></td><td colspan="2"></td></tr>
<tr><td></td><td></td><td colspan="2"></td><td colspan="2"></td></tr>
<tr><td></td><td></td><td colspan="2"></td><td colspan="2"></td></tr>
<tr><td>申请理由</td><td colspan="6">本人签名：
年　　月　　日</td></tr>
</table>

班级评议小组意见	辅导员签名： 年　　月　　日
系意见	公示时间：（2个工作日）　　　月　　日至　　月　　日 签字（盖章）： 年　　月　　日
学生工作部	签字（盖章）： 年　　月　　日
学院意见	同意一次性补助_____元。 分管院领导： 年　　月　　日

注：双面打印有效。

附件 5

四川交通职业技术学院
特困新生补助汇总表（　　年）

系分管领导签字（盖章）：

序号	系	专业班级	姓名	学号	银行卡号	金额（元）

注：1. 请用 EXCEL 表格报送电子文档。
　　2. 卡号要求填写学生本人身份证办理的大成都范围内工商银行卡号。

四川交通职业技术学院
学生违纪处理管理办法

第一章　总　则

第一条　为了维护学院正常的教育教学秩序和生活秩序，树立良好的校风和学风。依据《普通高等学校学生管理规定》和《高等学校学生行为准则》，结合我院实际，特制定本办法。

第二条　对学生的纪律处分要以教育为主、严格管理、热情帮助为原则，做到程序正当、证据充分、依据明确、定性准确、处分适当。

第二章　处分种类

第三条　学生有违法、违规、违纪等行为，视其情节轻重和认识态度，应当给予批评教育或下列由轻至重的纪律处分，处分种类有：警告、严重警告、记过、留校察看、开除学籍。

第三章　违纪行为的类型及处理

第四条　在校学生有反对党的基本路线或损害国家利益的言行，编印、散发非法书刊，破坏安定团结，滋生事端，扰乱学院的教育教学、生活秩序者，给予以下处理：

1. 情节较轻，经教育能认识错误并及时改正者，给予严重警告或记过处分。
2. 情节较重，经教育能承认错误并及时改正者，给予留校察看处分。
3. 情节和后果严重或经教育不改者，给予开除学籍处分。

第五条　违反国家法律、法规，受到公安、司法部门处罚者，根据情节轻重，分别给予以下处理：

（一）触犯国家法律、法规，构成刑事犯罪，被判处管制、拘役、徒刑以及被判处徒刑给予开除学籍处分。

（二）违反《中华人民共和国治安管理处罚法》受到处罚的，给予以下处分：

1. 被处以警告处罚的，给予警告处分。

2. 被处以罚款处罚的，视其情节给予严重警告处分。

3. 被处以行政拘留五天以下处罚的，给予记过处分。

4. 被处以行政拘留六天以上十天（含）以下处罚的，给予留校察看处分。

5. 被处以行政拘留十一天（含）以上处罚的，给予开除学籍处分。

第六条 吸毒及涉毒行为及处理：

吸食和注射毒品，会严重影响身心健康，使自身失去自我控制和理智，智力衰退，创造力和主动性降低，将导致犯罪。对吸食、注射毒品的学生，给予开除学籍处分，并移交司法机关处理。

第七条 对严重违背公民道德规范的行为给予以下处理：

1. 观看、收听淫秽色情作品者，给予警告及以上处分；组织观看、参与、接受或提供色情服务者，给予留校察看或开除学籍处分。

2. 有调戏、恐吓、威胁、侮辱或以其他方式严重骚扰他人者，给予警告及以上处分；造成严重后果者，留校察看或开除学籍处分。

3. 侮辱、诽谤他人捏造事实造成不良影响者，给予警告或严重警告处分，后果严重或三次以上违反者，给予记过及其以上处分。

4. 私刻公章，涂改伪造证件、协议、合同或证明材料，视其情节给予记过及其以上处分。

5. 冒用学校或他人名义，给学院或他人造成不良影响或损失者，除赔偿损失外，给予严重警告处分。

6. 隐匿、毁弃或私拆他人邮件（含电子邮件）者，给予警告及以上处分。

7. 制作、复制、传播淫秽及其他非法、有害的音像制品、文字作品或计算机软件者，给予警告或严重警告处分，情节严重者给予记过或留校察看处分。

8. 弄虚作假、伪造事实，以虚假证明或夸大事实申请或获取各类奖、资助金者，给予记过及以上处分，并不得参加学院的任何评优评奖资助。

第八条 实施盗窃、抢劫行为。

盗窃是指以非法占有为目的，秘密窃取公私财物的行为。抢劫是指以非法占有为目的，以暴力、胁迫或者其他方法强行劫取公私财物的行为。

对学生实施盗窃、抢劫行为的给予以下处理：

1. 凡有盗窃行为，证据确凿，视其情节和认识改正情况，给予记过及以上处分。

2. 抢劫以及盗窃金额巨大，已构成刑事犯罪的，按本办法第五条第二款执行。

第九条 参加或策划宗教活动。

在校内成立带有宗教背景或宗教色彩的社团和其他组织；强迫、诱使同学信仰宗教；参加非法的宗教组织、参加或策划宗教聚会活动；利用学术报告、讲座、演出等机会传播宗教信仰；在校园内散发任何带有宗教色彩的宣传品；利用互联网、手机、QQ群、微信等现代通信手段进行宗教传播。

对学生参加或策划宗教活动的给予以下处理：

参加或策划宗教活动的学生，由学校、社会和家庭共同进行教育，并视其对社会造成的危害程度给予严重警告处分直至开除学籍。情节特别严重的，除开除学籍外，并移交司法机关处理。

第十条 参加或策划非法组织活动。

参加或策划未经国家相关机构审批的组织；从事国家法律明文禁止的非法活动，如封建迷信、传销、邪教等。

对学生参加或策划非法组织的给予以下处理：

对于参加或策划非法组织的学生，由学校、社会和家庭共同进行教育，同时坚决打击和取缔该非法组织，并视其对社会造成的危害程度给予严重警告处分直至开除学籍。情节特别严重的，除开除学籍外，并移交司法机关处理。

第十一条 实施敲诈勒索行为。

敲诈勒索是指以非法占有为目的，对他人使用威胁或要挟的手段，强行索取公私财物的行为。

对学生敲诈勒索行为给予以下的处理：

视其情节给予记过及以上处分，并退还被索要的财物。情节严重，构成刑事犯罪的，按本办法第五条第二款执行。

第十二条 参加赌博或变相赌博。

赌博是指用一定的方式，拿财物作赌注比输赢的行为，其目的是想通过赌博无偿占有他人的财物；变相赌博就是以其他间接的或不明显方式进行赌博。

对学生参加赌博或变相赌博的给予以下处理：

1．参与赌博者，给予严重警告处分。

2．提供赌具或赌博条件者，给予严重警告处分。

3．组织赌博或多次赌博者，给予记过或留校察看处分。

第十三条 实施寻衅滋事、打架斗殴行为。

对学生实施寻衅滋事、打架斗殴的行为的视其情节和责任按以下情况分类处理：

1．实施打架行为或互殴尚未致伤他人者，给予严重警告处分。

2．实施打架行为或互殴致他人轻微伤害者，除承担受伤者全部医疗费用和赔偿损失，给予记过及以上处分。

3．实施打架行为或互殴致他人轻伤害或重伤害者，除承担受伤者全部医疗费用和赔偿损失，给予留校察看及以上处分。

4．实施打架行为或互殴致人死亡者，除承担相关费用和赔偿损失，给予开除学籍处分。

5．策划邀约他人打架但尚未实施打架行为，给予记过处分。

6．策划邀约他人打架并已发生打架行为，给予留校察看及以上处分。

7．虽未实施打架行为，但用言词侮辱或其他方式挑衅他人，引起事端或激化矛盾，造成打架后果者，给予警告处分。

8. 为他人打架提供器械者，根据情节轻重，给予严重警告及以上处分；持器械打架者，给予记过及以上处分。

9. 打架事件结束后，又再次报复打人者，给予记过及以上处分。

第十四条 酗酒行为。

对学生在校期间酗酒，违者视其情节轻重，分别给予以下处分：

1. 酒后有不文明行为者，给予警告及其以上处分。

2. 酒后影响他人正常工作、学习和生活或者危害公共安全（含公共财产安全）者，视其情况给予严重警告及其以上处分。

3. 酗酒肇事者，给予记过或留校察看处分，造成严重后果或违法违纪者，移交司法机关，并给予开除学籍处分。

第十五条 违反宿舍管理规定。

对学生违反宿舍管理规定视其情节，给予下列处分：

（一）违反宿舍常规管理：

1. 未经批准，擅自调换、私自占用床位经批评教育不改者，或出租床位者，给予警告处分。

2. 未经批准，擅自留宿外来人员，造成不良后果者，给予严重警告及以上处分；如留宿人员在留宿期间发生违法、违纪行为，留宿者负相应责任。

3. 熄灯后禁止在寝室内点蜡烛，违者，给予警告处分；禁止学生在学生宿舍内存放、使用违章电器和煤油炉、酒精炉等，违者，给予警告处分。

4. 私拉乱接电线和违规使用电器者，给予严重警告处分。

5. 严禁在学生宿舍内存放易燃、易爆、放射性、巨毒性、腐蚀性物品，违者给予警告处分。

6. 未经批准在学生宿舍之外借用或租用房屋者，给予严重警告处分，并限期搬回；限期不搬回或多次违反者，给予记过处分；情节严重者给予留校察看及以上处分。

7. 一学期寝室内务不合格（4分以下）三次及以下由辅导员批评教育，四次给予警告处分，六次给予严重警告处分，八次给予记过处分，十次及以上给予留校察看及以上处分。

8. 在宿舍酗酒，造成不良影响，影响宿舍秩序的给予严重警告及其以上处分。

9. 禁止在宿舍内饲养宠物，违者，给予警告处分。

10. 违反学院作息制度，在宿舍大声喧哗、娱乐，对他人的正常学习生活造成不良影响，视其情节，给予警告及其以上处分。

11. 违反学院作息时间，熄灯后仍在玩电脑累计两次及其以上者。

12. 故意扰乱宿舍生活秩序，不听劝阻者，给予警告及其以上处分。

13. 学生违纪后，一学期无故不参加违纪教育培训三次者给予警告处分。

14. 代替他人查寝，一经核实，给予双方留校察看处分。

（二）违反晚归、夜不归宿、留宿异性的管理规定：

1. 晚归是指不按规定的时间返回宿舍就寝。学生一学期累计无故晚归三次及以下由辅导员批评教育，四次及以上给予警告及其以上处分。

2．夜不归宿，是指学生离开学校的有效监护而在外过夜。学生一学期累计夜不归宿两次及以下由辅导员批评教育，累计三次给予警告处分；累计五次给予严重警告处分；累计七次给予记过处分；累计九次给予留校察看处分；学生因夜不归宿受到纪律处分四次以上者，给予开除学籍处分。

3．留宿异性，就寝时间后，仍滞留在异性学生寝室内。违反规定给予当事人严重警告处分；在异性宿舍留宿或留宿异性者给予留校察看处分。

第十六条　旷课行为。

旷课，是指学生不请假或请假未准而缺课的行为。对学生旷课的处理规定：

（一）学生连续旷课行为给予以下处理：

1．10学时以下者，给予通报批评。

2．20学时以下者，给予警告处分。

3．30学时以下者，给予严重警告处分。

4．40学时以下者，给予记过处分。

5．50学时以下者，给予留校察看处分。

6．50学时（二周）以上者，按学籍管理中的有关规定执行。

（二）学生累计旷课行为给予以下处理：

1．一学期累计旷课第一个12学时，给予警告处分；第二个12学时，在已受警告处分的基础上加重一级处分，给予严重警告处分；第三个12学时，在已受严重警告处分的基础上加重一级处分，给予记过处分；第四个12学时，在已受记过处分的基础上加重一级处分，给予留校察看处分。

2．学生因旷课受到纪律处分四次以上的，给予开除学籍处分。

3．实习期间，不服从实习安排不假离队者，按旷课论处，一天按5个学时计算。

4．迟到、早退时间超过15分钟视为旷课。

5．凡院、系组织的集体活动无故不参加者，均以旷课论处。

不假离校者，一天按旷课5学时计算，实际课时超过5学时的按实际课时计算。

（三）代替他人上课、点到等行为，一经查实，给予双方留校察看处分。

第十七条　考场违纪、作弊行为。

为规范考试管理，严肃考风考纪，促进学风建设，加强诚信教育，对学生违反学院考试管理规定的行为，给予以下办法进行处理：

（一）学生不遵守考场纪律，不服从考试工作人员安排，有下列情形之一者，视为考试违纪，当场考试成绩以零分计，并视情节轻重给予警告或者严重警告处分：

1．未带规定的考试证件，且不配合监考人员（考务人员）查问者。

2．未在规定的或监考人员（考务人员）安排的座位参加考试者。

3．开卷考试中借用他人的书籍、笔记、资料、计算器等物品者。

4. 使用规定以外的笔、纸答题或者草稿纸等物品者。

5. 开考信号发出前答卷，或考试终结信号发出后继续答卷者。

6. 考试过程中未经监考人员（考务人员）同意擅自互借文具等考试用品者。

7. 交卷后在考场或学院禁止的范围内逗留、交谈、喧哗、吸烟或实施其他影响考场秩序的行为者。

8. 未成功选课而擅自参加该课程考试的。

9. 在试卷规定以外的地方书写姓名、考号，或者以其他方式在答卷（含答题卡、答题纸）上标记信息者。

（二）学生不遵守考场纪律，不服从考试工作人员安排，有下列情形之一者，认定严重考试违纪，当场考试成绩以零分计，并视情节轻重给予严重警告或者记过处分：

1. 与考试无关用品未按要求放置在指定位置，或者放在指定位置的电子设备未按要求关闭而影响考试秩序者。

2. 未经监考老师允许强行进入考场者。

3. 未经考试工作人员同意在考试过程中擅自离开考场者。

4. 考试中东张西望，企图偷看他人试卷者。

5. 他人强拿自己的试卷、答案（含答题卡、答题纸）、草稿纸等未加拒绝者。

6. 隐卷不交，或将试卷、答卷（含答题卡、答题纸）、草稿纸等考试用纸带出考场者。

7. 在试卷、答卷（含答题卡、答题纸等）上书写下流语句或侮辱性语句者。

8. 其他违反考场规则但尚未构成作弊的行为。

（三）学生违背考试公平、公正原则，在考试过程中有下列情形之一者，认定为考试作弊，当场考试成绩以零分计，并给予留校察看处分：

1. 旁窥、抄袭或协助他人旁窥、抄袭试题答案或者与考试相关资料者。

2. 在考场内互对答案、互打暗号、手势或与他人交头接耳等者。

3. 故意销毁试卷、答卷（含答题卡、答题纸等）或其他考试材料者。

4. 凡在课桌、身体、允许使用的工具书上等处写有与考试课程相关内容者。

5. 闭卷考试，以任何一种形式夹带、隐带、隐写与考试内容相关或者携带存储有与考试内容相关资料的电子设备者。

6. 闭卷考试开考后，发现考生课桌内、座位旁、考生身上、试卷下面和其他一切可以观看的地方放有与考试内容相关的书、笔记、教学大纲、讲义、复习资料、纸条等物品者。

7. 抢夺、窃取他人试卷、答卷（含答题卡、答题纸等）、草稿纸或者胁迫他人为自己抄袭提供方便者。

8. 考试中经考试工作人员允许利用上厕所之机，或谎借其他理由离开考场，偷看或与他人传递、交流与考试有关的内容者，或者返回考场后被发现携带与考试有关的材料者。

9. 携带具有发送或接收信息功能设备并处于开机状态者。

10. 在答卷上填写与本人身份不符的姓名、考号（学号）等信息者。

11．将试卷带出考试修改，或者交卷后返回修改试卷者。

12．考试中传、接物品或者交换试卷、答卷、草稿纸者。

13．提前交卷后，在考场内或考场附近逗留，以各种方式向他人提供试题答案或与考试相关的资料、物品等行为者。

14．向考场外发送、传递试题信息者。

15．其他以不正当手段获得或者试图获得试题答卷、考试成绩行为者。

（四）学生违背考试公平、公正的原则，在考试过程中有下列情形之一的，认定为考试严重作弊，当场考试成绩以零分计，并给予开除学籍处分：

1．由他人代替参加考试或代替他人参加考试者。

2．由他人代替自己撰写毕业论文或考试论文者。

3．使用电子通信工具与考场外联系实施作弊者。

4．组织或者参与团伙作弊者。

5．抢夺或偷盗试卷者。

6．其他应认定为考试作弊性质严重的行为。

（五）学生有下列情形之一者，应当终止其继续参加本场考试，当场考试成绩以零分计，视情节给予严重警告、记过或留校察看处分：

1．故意扰乱考点、考场、评卷场所等考试工作场所秩序。

2．不服从考试工作人员管理，无理取闹、辱骂、威胁、侮辱、诽谤、诬陷或者以其他方式侵害考试工作人员、其他考生合法权益的。

3．故意损坏考场设施设备的。

4．其他扰乱考试管理秩序的行为。

（六）学生有下列情形之一者，当场考试成绩以零分计，给予开除学籍处分：

1．已构成考试违纪或者作弊，肆意破坏违纪或者作弊现场、销毁证据等行为者。

2．已构成考试违纪或者作弊，不服从处理，无理取闹，肆意纠缠、威胁、侮辱、诽谤、诬陷考试工作人员，严重扰乱考场秩序者。

（七）在考试过程中或者在考试结束后发现学生下列情形之一者，应当认定相关考生实施了考试作弊行为，当场考试成绩以零分计，并给予留校察看处分：

1．通过伪造证件、证明、档案及其他材料获得考试资格和考试成绩的。

2．评卷过程中被发现同一科目同一考场有两份以上（含两份）答案雷同的。

3．考场纪律混乱、考场秩序失控，出现大面积考试作弊现象的。

4．考试工作人员协助实施作弊行为，事后查实的。

5．其他应认定为考试作弊行为的。

（八）有一次考试作弊记录的考生，第二次又考试作弊者，给予开除学籍处分。

（九）学生以各种不正当手段在考试前后要求老师提分、加分或要求老师隐瞒违纪、作弊事实者，以考试严重违纪处理，当场考试成绩以零分计，给予记过处分；以威胁、要挟等手段要求老师提分、加分或要求老师隐瞒违纪、作弊事实者，以考试严重作弊处理，当场考试成绩以零分计，给予开除学籍处分。

（十）学生的毕业设计（论文）有剽窃行为或请他人代写论文行为，经教师教育仍不悔改者，应当认定为考试作弊，毕业设计（论文）成绩无效，按零分计，给予记过或者留校察看处分。

（十一）学生以作弊行为取得相应学历证书、学位证书及其学业证书的，学院应当宣布证书无效，并收回证书；已被其他学校录取为本科或者入学的，由学院建议他校取消录取资格或者学籍。

第十八条 危害计算机信息网络安全行为。

对危害计算机信息网络安全的行为给予以下处理：

1. 盗用网络资源，影响网络正常使用和安全者，给予记过及以上处分。
2. 恶意攻击计算机系统造成不良后果者，给予严重警告及以上处分。
3. 登录非法网站，传播有害信息者，给予记过及以上处分。
4. 在互联网上撰写、转载具有歪曲事实或诽谤侮辱他人或煽动闹事等内容的信息者，视情节给予警告或严重警告处分。

第十九条 扰乱学院管理秩序。

对扰乱学院管理秩序，有下列行为之一者，给予警告处分；情节严重者，给予严重警告及以上处分：

1. 在非指定地点张贴通知、路标、海报、启事、通告等各类宣传品，不听劝阻者。
2. 在课桌、厕所以及校内建筑物公共场所涂画、刻划以及损坏草坪、花卉树木者。
3. 在宿舍、教室、图书馆及办公区域等公共场所高声喧闹、弹唱、不用耳机使用视听设备或以其他方式妨碍他人正常学习、工作、生活，不听劝告者。
4. 在校内无照经营或未在学校指定地点设摊转卖个人物品者。
5. 公共场所起哄闹事、乱甩乱砸、燃烧物品、鸣放鞭炮、故意损坏财物等违规者。
6. 私自撕损或涂改学院文告者。
7. 翻越宿舍阳台和校区围墙者。
8. 恶意制造、散布、传播谣言，影响学院工作、生活和学习秩序者。
9. 妨碍、干扰国家工作人员和学校教育管理人员依法执行公务者。
10. 未经批准组织成立社团或在社团活动中违纪者。
11. 不服从管理，造成不良后果者。

学院若发现学生在校内有违法行为或者严重精神疾病可能对他人造成伤害的，可以依法采取或者协助有关部门采取必要措施。

第二十条 违反军训管理规范。

学生军训是培养学生德智体全面发展的需要，学校教育担负着传授科学文化知识、为社会主义现代化建设培养各类专门人才的重要任务。

对学生违反军训管理规定给予以下处理：

1．军训期间旷训、逃训视为旷课，按实际军训时间计算旷课课时，其处理办法参照本办法第十六条执行。

2．由他人代替军训或替他人军训者，给予留校察看或开除学籍处分。

第二十一条　下列刀具一律不准带入校园：匕首、三棱刀、弹簧刀及相类似的单刃、三棱尖刀。少数民族学生按民俗习惯的佩刀如带入学校，须在报到三日内交系上登记，由各系将登记册连同刀具上交学校保卫处集中保管，学生毕业时归还本人。学生违反《公安部对部分刀具实行管制的规定》，擅自在校内佩带或藏匿上述刀具，一经查获，除报请公安机关依法予以没收刀具外，给予警告处分。

第二十二条　为他人作伪证、干扰学校对违纪事件进行查处者，给予警告处分，造成不良后果者，给予严重警告处分。

第二十三条　剽窃、抄袭他人研究成果者，给予严重警告或记过处分，情节严重者，给予留校察看或开除学籍处分。

第二十四条　学生有下列情形之一者，给予从重处分：

1．违纪后态度恶劣，隐瞒问题或订立攻守同盟者。

2．对揭发检举人、证人、工作人员威胁、恐吓或打击报复者。

3．违纪者故意拖欠赔偿及其他费用者。

4．在本人的违纪事件查处过程中，再次发生违纪行为者。

5．有多种违纪行为或屡次违纪者。

6．违纪群体为首者。

第二十五条　学生有下列情形之一者，给予从轻处分：

1．主动交代问题，认错态度较好者。

2．主动提供情况检举揭发他人违法违纪行为并经查证属实者。

第二十六条　凡受到一次记过及其以上处分或两次警告、严重警告处分未解除者，再次违反纪律达到警告及其以上处分者，给予留校察看或开除学籍的处分。

第二十七条　学生在留校察看期间再次违纪者，给予开除学籍处分。

第二十八条　凡违反本章所列行为并造成经济损失的，应同时承担经济赔偿责任。

第四章　处分程序

第二十九条　违纪处分相关程序。

1．处分前的调查：学生违纪后，学生管理部门应及时听取当事人申辩和陈述，深入开展调查工作。由辅导员填写处分申报表，按违纪处分流程图程序（详见附图）进行申报。给予学生处分须由学院行文并公示七天。

2. 处分审批权限：警告、严重警告、记过、留校察看处分，由系研究，报学生工作部审批，学院行文；开除学籍处分的由系研究，报学生工作部及分管院领导审核，报院长办公会审批，学院行文，并报省教育厅备案。

3. 学院对学生作出处分，应当出具处分决定书。处分决定书应当包括的内容详见《普通高等学校学生管理规定》中第五十三条。

4. 学生处分文件由各系送交学生本人，可直接送交学生本人签收，也可通过邮寄、留置、公告等方式送达。

第三十条 处分后的教育学习。

1. 学生的处分及解除处分材料，将真实完整地归入学校文书档案和本人档案，不予撤销。

2. 学生受处分后，应接受一定时期的教育学习。留校察看以下处分教育学习期限为6个月，留校察看处分教育学习期限为一年。

3. 教育学习期满由本人提出申请并参加考核，考核合格由学生工作部发合格证明，解除处分。解除处分后，学生获得表彰、奖励及其他权益，不再受原处分的影响。

4. 教育学习期未满或未取得考核合格证明者，不享有评优、评奖、受助等权利。

5. 未取得考核合格证明的毕业生，毕业时不予发放毕业证书，待半年或一年以后持相关证明返校补发毕业证。

第五章　申　诉

第三十一条 凡违纪受到处分的学生均有申诉权，申诉办法参见《四川交通职业技术学院学生申诉管理办法》。

第六章　附　则

第三十二条 本办法自颁发之日起施行，由学生工作部负责解释。

四川交通职业技术学院
学生安全教育管理办法

根据教育部《普通高等学校学生安全教育及管理暂行规定》（教学〔1992〕7号）的要求，为了加强学生安全教育，维护正常的教育教学秩序，保障学生身心和财产的安全，促进学生健康发展，特制定本办法。

一、学生安全教育管理的主要任务

1. 宣传、贯彻国家有关安全管理工作的方针、政策、法律、法规，对学生实施安全教育及管理，妥善处理各类安全事故，引导学生健康成长。

2. 学生安全教育管理以预防为主，本着保护学生、教育先行、明确责任、教管结合、实事求是、妥善处理的原则，做好教育、管理和处理工作。

3. 学院将学生安全教育作为一项经常性工作来抓，列入学院党委的重要议事日程。学院各部门和有关人员相互配合，积极开展安全教育，普及安全知识，增强学生的安全意识和法治观念，提高防范能力。

二、学生安全教育管理的主要职责

1. 学院成立负责全院学生安全教育管理工作的领导小组，组长：学院党委书记和院长；副组长：分管学生工作副院长、分管安全工作副院长及分管教学工作副院长；成员由学生工作部、保卫处、教务处、团委、各教学系（部）负责人组成。

2. 学生安全教育管理工作由分管学生的院级领导负责，由学生工作部、教务处、保卫处和各教学系（部）负责具体组织实施，其中：

（1）学生工作部将安全教育纳入各系主题班会并进行考核。

（2）保卫处负责学生安全事故的处理。

（3）团委将学生的安全教育纳入学生的第二课堂活动，确定教育主题、时间，并组织实施。

（4）学生宿舍的安全教育及管理工作由宿管中心和各系共同负责。

（5）教学（包括实验、实训、实习、教学仪器设备使用、体育等）中的安全教育及管理工作由教务处和系部负责。

（6）经常性的安全教育（包括公共设施、设备的使用安全）及管理由各系（部）及辅导员负责。

三、学生安全教育管理的主要内容

1. 学生常规安全教育与管理。

（1）学生自入学日起，学院及各系（部）负责人在教学过程及日常生活中，应重视对学生安全教育，特别是节假日前。适时加强对学生进行防盗、防火、防骗、交通隐患等方面的安全教育，对卫生、疾病的宣传教育。并将真实可参考的安全事故作为教育案例展开有针对性教育，防患于未然。

（2）教育学生自觉增强安全意识，加强自我防范，注意自身的人身和财产安全，避免不必要的人身伤害和财物损失。

（3）教育学生在日常教学和各项活动中听从指挥，服从管理，在公共场所遵章守法、守秩序、守公德。

（4）教育学生对出现的意外伤害或遇到危及自身安全的情况时，应采取相应的应急措施，并及时通报辅导员、保卫处、学生工作部及相关部门。

（5）对学生进行安全教育须注重心理疏导，加强思想政治工作，第一时间掌控学生心理动态，及时帮助学生排忧解难，预防和杜绝一切事故。

2. 学生集体活动安全教育与管理。

（1）学生外出（温江区外）旅游、郊游、志愿者或"三下乡"等各类活动都必须经院团委审批，且有教师随队参加。

（2）由班级组织的户外（温江区内）的各类集体活动须由系党总支书记审批，辅导员必须到场组织。

（3）学生外出参加各类与教学相关的实习、实训、实践和专业认知等活动，须按学院教务处制订的相关安全教育管理文件执行，且必须经教务处审批，有专业教师随队组织，各系（部）活动之前必须与学生签订《离校安全协议书》，教务处负责组织检查。

（4）超过200人的集体活动，应至少提前一天报院团委、保卫处审批，报学工部备案。保卫处派专人检查场地和其他安全设施，杜绝安全隐患。

（5）学生外出活动前，要切实加强交通安全教育与管理，制订完善的安全防范措施，确定安全负责人。不得承租个体运输工具，严禁非法参团，严禁使用无证、无照的交通工具和人员。必须选择安全、有路线标牌的路线。

3. 学生离校的请假管理规定。

（1）学生节假日和周末离校必须履行请假手续，辅导员老师必须掌控学生的去向。

（2）学生外出离校前须到宿舍管理中心办理离校手续，返校后须即时向辅导员办理销假手续。

四、学生安全事故处理

1. 学生发生意外事故以及学生要求保护人身或财物安全等情况时，学校相关部门应迅速采取有效措施，控制事态发展，减轻危害和损失。

2. 学生人身和财产发生事故后，保卫处和学生工作部门要及时调查处理，根据当事人或他人的过错，责令其赔偿损失，并给予批评教育或相应的行政、纪律处分。学生人身伤害事故，按照《学生人身伤害应急处理办法》处理。

3．学生在校园发生重大安全事故应在第一时间向保卫处或学工部报告，并保护好现场。学校迅速采取措施，及时处理。学院在事发当日向学院主管部门交通厅和教育厅报告，并通知学生家长。

4．学生在校园内发生死亡（包括正常死亡和非正常死亡）、重伤或被窃、失火等造成财产重大损失事故后学校应迅速采取措施，进行抢救，保护现场，同时加强思想政治工作，稳定情绪，恢复秩序，并协同地方有关部门妥善处理。

5．发生刑事、治安案件或交通意外等事故，在场学生应保护现场，及时报告学校或公安部门，并协助处理。涉及追究刑事责任的，保卫处要及时与公安部门联系，协助调查处理。对责任人要严肃查处，分别给予责任检查、赔偿损失、行政处分直至依法追究刑事责任。

6．有下列情况的，学生应承担相应责任：

（1）学生未经批准擅自离校不归或以欺骗手段蒙蔽老师外出，与家长联系无回复的。

（2）对擅自离校不归，学院不知去向的学生，学院要及时寻找并报告当地公安部门，并通知学生家长。10天不归且未向学院说明原因的，学院将张榜公布，并按《四川交通职业技术学院学生学籍管理办法》处理。

（3）学生在假期或办理离校手续后发生意外事故的。

（4）学生私自在外租房，无正当理由不回学院住宿的。

（5）在校内正常生活及由学院在外组织的活动中，由于不可抗拒的原因或自然灾害而发生事故的，由学院根据具体情况处理。

（6）凡经学院指定的专业医院确诊为精神病、癫痫患者的学生，应予退学，由其监护人负责领回，学生及监护人不得无理纠缠，扰乱学院教学、生活秩序。

7．关于经济补助与待遇的相关问题说明。

（1）无论何种情况给予的经济补助，一般不超过学生在校期间的平均奖学金数。凡事故责任由学院以外的其他单位、个人承担的，学院不再给予经济补助。

（2）因保护国家财产和他人人身安全，见义勇为而致残或英勇牺牲的学生，学院应报请市人民政府授予荣誉称号，并给予相应的待遇。

本办法自2016年11月1日起施行，由学生工作部负责解释。

四川交通职业技术学院
学生档案管理办法

第一章 总 则

第一条 为进一步加强学生档案管理，实现档案管理的制度化、规范化、科学化，维护档案的真实性、严肃性，完善我院学生档案管理服务体系，有效地建立、保护和利用档案，充分发挥档案在学生管理中的作用，依据《中华人民共和国档案法》《高等学校档案管理办法》（教育部、国家档案局令27号）的相关条款及招生、就业的有关要求，结合我院实际，制定本办法。

第二条 本办法所称学生档案是指：按国家计划招收的高校学生档案。

第三条 学生档案管理体系：学生档案管理工作实行"学生工作部统一管理、辅导员收集整理、系（部）参与协助"的原则。

辅导员是学生档案材料收集、整理和完善工作的第一责任人，全体辅导员为学生档案兼职管理人员；学生档案室管理人员根据学生工作部的统一要求，安排部署全院学生档案材料的收集、整理和完善工作，做好学生档案的统一管理工作，做到安全、保密、系统、完备。

第四条 档案材料的收集、整理和归档，应各负其责，实行责任追究。

第二章 档案材料

第五条 学生档案材料的收集工作直接关系到人事档案的完整性和学生的切身利益。为了适应国家人事工作的需要，学生档案除招生录取时已有的原始档案材料外，应不断充实和完善学生在校期间的各种档案材料。

1. 入学时档案材料。

新生入学时档案材料来源于原毕业学校，由学生原所在地教育、人事等部门通过邮寄方式寄往学校，也可由新生入学报到时带来。学生档案管理人员应及时收齐、整理。整理时，应首先检查档案密封是否完好、材料是否齐全，如有可疑，即与档案来源地联系，查明原因，随后将原新生档案装入我院统一印制的档案袋中。

2. 入学后档案材料。

（1）《学生入学登记表》《学生学年鉴定表》《毕业生登记表》：按照学生工作部档案室要求组

织学生统一填写，辅导员统一收集后交学生档案室。

（2）《学业成绩表》：由系（部）根据"教务管理系统"所记载的学生成绩统一打印一份，由辅导员统一收集后交学生档案室。

（3）《入团志愿书》：学生到校后新加入团组织的，由学院团委如实提供，由辅导员统一收集后交学生档案室。

（4）《团员鉴定表》：由团委统一印制，学生本人根据自身情况如实填写，由辅导员统一收集后交学生档案室。

（5）《党组织材料》：递交入党申请书但未入党的学生的相关资料，由各系党总支按照班级、学号顺序统一收集后交学生档案室。

（6）《院级以上奖惩材料》：由学生工作部等相关职能部门如实提供学生的奖惩材料，由辅导员统一收集后交学生档案室。

（7）《休、退、转学证明》：由教务处根据学生学籍异动情况如实提供，学生将相关证明交学生档案室。

（8）《高等学校毕业生档案转递单》：根据毕业生去向登记系统信息如实填写学生档案转递信息，由辅导员统一收集后交学生档案室。

（9）《体检表》：新生入学后的检查表各系要按班级和学号顺序整理后交学生档案室。

（10）其他需装入档案的材料。

以上表格需加盖单位公章的应按要求加盖相应单位公章；未作统一要求需装档的部分，全部由辅导员负责收集、整理并在规定时间内按照班级以学号先后顺序排列交到学生档案室。

第六条　学生在校期间的档案用钢笔、黑色签字笔书写，不得使用圆珠笔、铅笔、红笔书写，除荣誉证等证书，档案材料一般应使用原件。应爱护档案，不准在档案材料上画圈、涂抹、批注、删改。

第七条　学生档案管理人员对不符合归档要求的档案材料，有权拒收或退还责任部门，并限期改正后归档。

第八条　档案袋封面的填写。新生入学后，应使用学院统一印制的档案袋。应保持档案封面的整洁、干净并以正楷字填写。已装入档案的材料应在封面相应的位置打"√"标记。

第三章　归档时间

第九条　录取报到的新生原始档案及《学生入学登记表》应在学生报到工作全面结束后一个月以内完成。

第十条　学生取得各类奖惩的原始材料及《休、退、转学证明》《体检表》《入团志愿书》，应在该项事宜结束后的一周内归档。

第十一条 《学生学年鉴定表》《团员鉴定表》在每年十月底前由辅导员归档。

第十二条 《学业成绩表》《毕业生登记表》在学生毕业当年的六月底前由辅导员归档。

第十三条 《党组织材料》在学生毕业当年的三月底归档。

第十四条 《高等学校毕业生档案转递单》应根据毕业生去向登记系统的档案转递信息，如实填写《高等学校毕业生档案转递单》，由辅导员统一收集后交学生档案室；七月初完成所有毕业生的档案整理、完善、封档、盖章及邮寄工作。

第四章　保管与查询

第十五条 学生档案实行专人规范管理。归档的各类材料要登记、编号、造册、分装、归类。要严格保密、防强光、防火、防盗、防尘、防虫、防潮、防污染。要做到科学规范，方便查找。

第十六条 新生档案整理完毕后，由辅导员按班级和移交登记表顺序送学生档案室；学生毕业前，辅导员到档案室对学生档案材料进行复核。

第十七条 因工作需要查阅学生档案时，本校人员须说明查询内容及目的，经档案管理人员同意并进行登记后方可查阅。校外人员需要查阅档案时，应持有单位介绍信，并经批准进行登记后方可查阅。

第十八条 学生档案一般不予外借。如遇特殊情况需要外借者，必须凭单位证明，经批准方可办理。凡借阅的档案，要严格保管，遵守保密制度，不得私自复制、拍照、涂改、勾画、转借、增加或撤换。否则，由此造成不良后果的，当事人应当承担责任。

第五章　档案的投递与提取

第十九条 学生毕业后，其档案原则上由学院的学生档案室通过邮政局按《高等学校毕业生档案转递单》上的转递地址予以投递；特殊情况下，也可由学生本人凭身份证或单位介绍信在《学生提档登记表》上签字后提取档案，若学生本人提取档案，出现档案安全或遗失问题由学生本人负完全责任。

第二十条 根据《国务院办公厅转发教育部等部门关于进一步深化普通高等学校毕业生就业制度改革有关问题意见的通知》（教育部 19 号文件）的精神，根据毕业生意愿，毕业生档案可在学院学生档案室代管两年，两年后其档案寄往入学前的户籍所在地。

第二十一条 退学、开除学籍以及其他原因丧失学籍者，其本人档案装入相关批准文件或注明情况后由学生本人自带或寄往入学前的户籍所在地。

第二十二条 本办法自 2016 年 11 月 1 日起施行，由学生工作部负责解释。

四川交通职业技术学院
学生宿舍管理办法

第一章 总 则

第一条 学生宿舍是学生学习、生活、休息、行为养成和素质提高的重要场所,是高等学校管理工作的重要组成部分。为了进一步加强学生宿舍管理工作,创建一个整洁、安全、文明的良好育人环境,依照国家教委颁发的《高等学校学生行为准则》(教学〔2005〕5号)、《高等学校校园秩序管理若干规定》(中华人民共和国教育部令13号),结合我院实际情况,特制定本办法。

第二条 学院学生工作部设学生宿舍管理中心(简称宿管中心)作为学生宿舍的管理职能部门。宿管中心的主要职能是:负责学生宿舍的物业管理、纪律管理、安全管理、卫生管理、文化建设、水电管理及学生的思想政治教育,使学生树立和养成自我管理、自我教育和自我服务的意识和习惯。

第二章 物业管理

第三条 学生宿舍及其配套的设施、设备,都是国有资产。学生应自觉爱护宿舍国有资产,积极协助宿管中心做好国有资产的维护工作,严禁损坏。

1. 学生在入住宿舍前,要与宿舍管理人员当面点清宿舍内所有国有资产,填写《学生公寓公有财产明细表》,宿管中心、管理员、学生本人三方须签订《学生宿舍公有财产管理责任书》。

2. 学生宿舍内的公有财产,未经许可,不能私自搬出宿舍。丢失或损坏(自然损坏除外)公有财产的,要照价赔偿或自付修理费、材料费;故意损坏的或逾期不赔偿者,除支付修理费外还要处以三倍及以上的罚款,同时视情节轻重报学院给予当事人纪律处分。

3. 宿舍内设施不得自行拆卸、调换,床位不得自行随意组合。若进行宿舍调整,宿舍内的公物不得随意调换。

4. 请勿在桌子、凳子(椅子)和墙上乱刻、乱涂、乱画;请勿用脚踢墙壁或用其他物品污染墙壁。

5. 请勿在走廊、过道、宿舍里踢球或进行其他有可能损坏公有设施的活动;请勿破坏走廊指示灯、路灯、过道上的电源开关、天花板。

6. 爱护宿舍内的消防器材,请勿擅自使用或搬移灭火器。

第四条 学生离校时，宿管中心应对其所住宿舍进行验收。验收后，学院收回该宿舍，学生不得再留住。

第三章 纪律管理

第五条 学生的住房和床位由宿管中心统一计划，统一安排，未经宿管中心许可，不准擅自调换和强占。

第六条 学生出入宿舍必须携带有关证件，主动配合宿舍管理人员的工作，接受询问，服从管理。

第七条 自觉遵守学院作息时间，不得晚归和夜不归宿。

第八条 男、女生不得互串宿舍，如有特殊原因须出示学生证或相关证明，并在管理员处登记方可进入；上课时间、午休及晚上就寝后一律谢绝会客。

第九条 学生宿舍不得留宿异性和校外人员。老师或维修工人等其他人员因工作需要进入学生宿舍，应先与管理员联系并做好登记。

第十条 校外人员进入学生宿舍要履行登记手续，小商小贩不得进入学生宿舍兜售商品。

第十一条 遵守学生宿舍的学习、生活秩序。自觉维护宿舍生活环境，严禁在宿舍和楼道内大声喧哗、严禁斗殴、酗酒、赌博等聚众活动，禁止一切封建迷信等违法行为；严禁在宿舍和楼道内停放自行车、堆放杂物；严禁从窗户往外吐痰、泼水、倒剩菜剩饭等不文明行为。

第四章 安全管理

第十二条 为了保障学生宿舍内的安全，入住宿舍学生应做到：

1．不私拉乱接电源线。

2．通电情况下，不将交流电器（如台灯、电扇、充电器、接线板、随身听等）放在床上。

3．不在床上吸烟或乱扔烟头。

4．不在宿舍及楼内燃烧物品。

5．不损坏或非火灾时擅用灭火器材和消防设施。

6．离开宿舍锁好门窗，务必拔掉房间电源，做到"人走电断"。

7．不使用或存放易燃、易爆、有毒等违禁物品，如：烟花爆竹、液化气罐、煤油炉、煤炉、酒精炉、汽化炉等。

8．不违章使用明火（如点蜡烛等）。

9．不使用电炉、电热水棒、电水壶、电炒锅、电饭煲、电热毯、电煮水器、充电式应急灯等容易造成火灾危险的电器产品。

10．妥善保管自己现金、银行卡、存折及贵重物品。

11．不在宿舍内摆摊设点，或以直销、代销、传销等方式进行任何商业活动。

12．不翻爬校园围墙和擅自撬锁或爬窗。因未携带或遗失宿舍钥匙而不能入室者，应在值班室进行登记后，领取备用钥匙。

13．不在宿舍内张贴大小字报。

第十三条　爱护消防设施。对损坏宿舍内消防设施者，除照价赔偿或处以罚款外，视情节轻重，给予纪律处分。

第十四条　有损宿舍安全的行为，除没收实物和批评教育外，并予以罚款；态度恶劣不服管理者，给予相关纪律处分。

第十五条　发现火灾、偷盗等安全事故，应及时报告宿舍管理员或保卫处，并协助调查、处理。

第五章　卫生管理

第十六条　内务卫生。

1．宿舍内务卫生实行宿舍长负责制，卫生打扫实行宿舍成员轮流值班制，当班值班责任制。累计达三次不合格者，给予通报批评；累计达五次不合格者，给予整顿；整顿无效者，视情节给予相应处理。

2．宿舍卫生每日打扫两次。自觉将垃圾置于垃圾篓里，平时应保持室内地面无垃圾，门窗无灰尘，墙角天花板无蜘蛛网，墙面无污迹。

3．除午休和晚就寝时间外，宿舍内的床上用品要叠放齐整，各种日用品摆放有序，衣服、鞋子挂（摆）放成排，桌上床面无杂物。

4．学生离校实习或寒暑假前，请认真整理内务，打扫宿舍。

5．内务卫生的检查评比从每学期的第二周开始，期末提前一周结束。宿管中心和各系（部）应定期和不定期地对本系宿舍进行检查，检查结果作为文明宿舍评比的重要依据。

第十七条　公共卫生。

1．入住学生要自觉维护宿舍公共卫生，应做到：

（1）勿在宿舍墙面、公物上踏脚印、拍球印。

（2）勿随地吐痰。

（3）勿往走廊、楼道或窗外倒水，倒剩饭菜，扔瓜皮果壳、纸屑、塑料袋等杂物。勿将任何可能堵塞下水道的杂物，如包装袋、塑料容器、废旧物品等扔入水池、便池。

2．公共卫生由清洁工或勤工助学学生打扫。维护公共卫生人人有责，全体学生均有义务进行维护和监督。

第十八条　任何在校住宿的学生均有义务接受学校各级部门的文明卫生检查和抽查。拒绝检查者，除对该宿舍以零分计外，还须追究有关人员的责任。

第六章　文化建设

第十九条　宿舍文化建设的基本要求：文明、健康、积极、向上。

第二十条　宿舍内不得打麻将或以任何形式的赌博，违者除没收赌具外，将给予纪律处分。

第二十一条　上课时间，不能在宿舍内玩电脑游戏和睡懒觉，违者视其情节给予纪律处分。

第二十二条　不得在宿舍观看、收藏、传播淫秽书刊、录像制品或其他淫秽物品。一经发现，除没收非法书刊、制品外，还要对当事人及参与者依据学校有关条例和规定严肃处理。

第二十三条　不得在宿舍墙面乱刻、乱写、乱画、乱钉、乱张贴书写格调低下的字画，不得讲粗话、脏话和恶语伤人。

第二十四条　对有关宿舍的管理信息（含通知、通报、布告等）不得任意涂改或损毁。违者将给予纪律处分。

第七章　水电管理

第二十五条　学生宿舍实行免费定额供水供电制度，水：2吨/月·生；电：5度/月·生。

第二十六条　水电计量收费查询。

1．学生宿舍原则上以每套宿舍水电表读数进行计量收费（注：以超过定额供水、供电数额收取水电费）。

2．每套宿舍用电量、用水量不足定额供电、供水数，不实行收费；节余转下月使用。超出定额供电、供水数，按实际超出计量收费（按电力公司和自来水公司规定计价）。

第二十七条　水电维修的申报及收费。

1．学生宿舍自来水管、用电线路的维修，由同学在本园区值班室填写报修单，由宿管中心抄送学院后勤管理处。

2．宿舍水电表、普通电源拉线开关、灯头及线路、阀门、水龙头及管道，可免费维修，灯泡、日光灯管及日光灯组件，电源插座等维修时，必须以旧换新，若无旧物件，需由同学交付材料费（免收人工费），若旧件被人为毁坏的，应交纳材料费和人工费。

3．由于违章用电造成供电设备损坏的，应赔偿和修复。

第二十八条　宿管中心应加强对宿舍的检查，对人走不关灯（包括晚上），用水后不关水的个人和宿舍要进行通报批评。对有良好节约用电用水习惯的宿舍应予以表彰奖励。

第八章　附　则

第二十九条　本办法自2016年11月1日起施行，由学生工作部负责解释。

四川交通职业技术学院
学生考勤与请销假管理办法

一、考勤目的

考勤是建立学校正常教学秩序，保证完成教学任务的必要措施。其目的是全面了解学生的纪律情况，及时进行帮助教育，培养学生严格要求自己、遵守纪律的自觉性。

二、考勤办法

各班建立《学生考勤表》，由辅导员指定考勤员，并负责考勤工作。

1. 学生上课出勤情况由课程科代表负责考勤，并报考勤员及时如实地填入《学生考勤表》。
2. 学生早晚自习出勤情况由学习委员负责考勤，并报考勤员及时如实地填入《学生考勤表》。
3. 学生早锻炼活动由体育委员考勤，并报考勤员及时如实地填入《学生考勤表》。
4. 学生其他活动由考勤员负责考勤，并及时如实地填入《学生考勤表》。
5. 考勤员每周将考勤情况向全班公布，期末填写《考勤统计表》，经辅导员审核后报系存档、填卡。
6. 辅导员负责将学生全期考勤情况如实填入《学生通知书》。

三、请假手续

学生学习期间，一般不准请假。特殊情况需请假者，必须填写假条，注明请假事由和时间，按程序办理相关请假手续。请病假须提供医生证明。三天以上事假，应有家长或单位证明。满假或未满假复课，要及时销假，满假仍不能参加学习活动者，必须办理续假手续。凡未请假或请假未经批准，擅自离校或不参加学校规定的活动，以及超假未办续假手续者，均以旷课论处。

四、批假权限

3天及以内由辅导员批签；4～10天由系批签；11～15天由学工部批签；15天以上报分管学生院级领导批签。所有批签假条，由各系报学工部、教务处备案。

五、临时请假规定

学生上课时因急事请假，在2个课时内由任课老师批准。

六、节假日请假规定

学生在节假日、双休日不在校住宿需请假者，由辅导员审批。

节假日、双休日结束的当天晚上，学生必须返校晚点名，无故不到者，以旷课论处。

七、其他

学生请假累计超过一学期三分之一者，应予以休学，具体参见《四川交通职业技术学院学生学籍管理办法》处理。

八、本办法自 2016 年 11 月 1 日起施行，由学生工作部负责解释。

附：请假申请程序

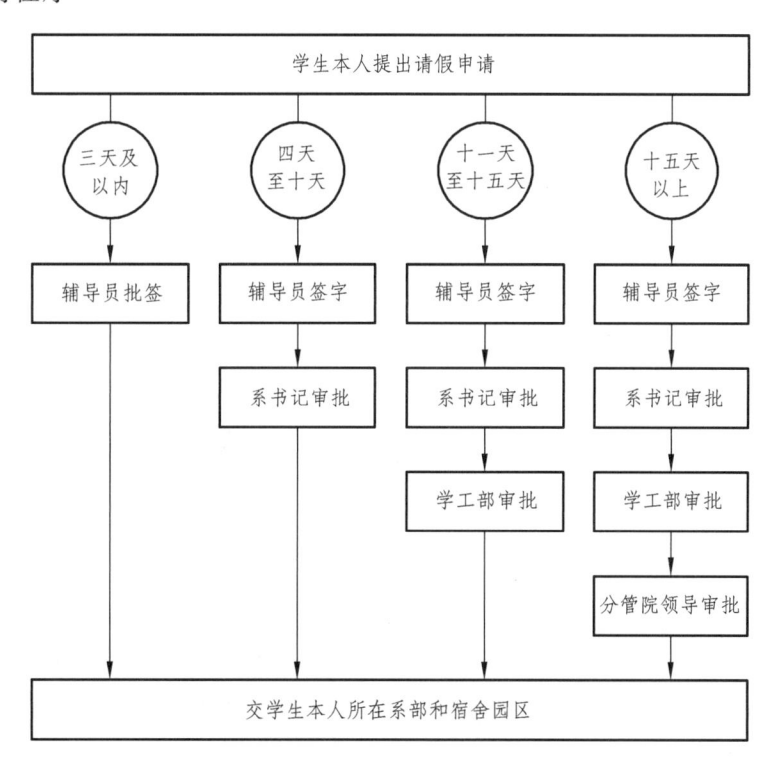

```
                    ┌─────────────────────────────┐
                    │    学生本人提出请假申请         │
                    └─────────────────────────────┘
                         │          │          │          │
                    ( 三天及      ( 四天      ( 十一天    ( 十五天
                      以内 )       至十天 )    至十五天 )   以上 )
                         │          │          │          │
                    ┌────────┐ ┌────────┐ ┌────────┐ ┌────────┐
                    │辅导员批签│ │辅导员签字│ │辅导员签字│ │辅导员签字│
                    └────────┘ └────────┘ └────────┘ └────────┘
                         │          │          │          │
                                ┌────────┐ ┌────────┐ ┌────────┐
                                │系书记审批│ │系书记审批│ │系书记审批│
                                └────────┘ └────────┘ └────────┘
                                     │          │          │
                                           ┌────────┐ ┌────────┐
                                           │学工部审批│ │学工部审批│
                                           └────────┘ └────────┘
                                                │          │
                                                      ┌──────────┐
                                                      │分管院领导审批│
                                                      └──────────┘
                                                │          │
                    ┌─────────────────────────────────────────────┐
                    │         交学生本人所在系部和宿舍园区            │
                    └─────────────────────────────────────────────┘
```

四川交通职业技术学院
学生证管理办法

高等学校学生证是高等学校学生表明身份、参加学习和其它活动的重要凭证，学生入学取得正式学籍后由学校统一发放学生证。根据《教育部办公厅关于加强高等学校学生证管理的通知》（教学厅〔2001〕8号）文件的精神，为规范我院学生证的管理，特制定本办法。

第一条　新生入学报到后，经审查符合入学条件者，由学工部发放学生证。

第二条　学生证用于证明学生身份，考试、校风检查和出入校门等需出示学生证。学生证仅限本人使用，须随身携带、妥善保存。

第三条　学生必须于每学期开学前持学生证到所在系办公室办理报到注册手续。未加盖注册专用章的学生证无效。

第四条　铁路沿线的学生可凭学生证和火车票优惠卡享受火车票优惠待遇。

第五条　不得擅自涂改学生证所记载的乘坐火车区间达到站内容。

第六条　学生证遗失必须在学生管理系统平台上提出申请后，带上一寸蓝底（照片右下角印有学号）到学生事务中心补办。补办学生证应缴纳10元工本费。

第七条　不得自行涂改学生证内容，也不得送人、转借他人使用，不得使用各种手段冒领、多领。违者视其情节轻重给予批评教育，严重者给予纪律处分。

第八条　学生转学、退学、休学及其他原因办理离校手续时，须将学生证交回学工部注销。

第九条　本办法自二〇一六年十一月一日起施行，由学生工作部负责解释。

四川交通职业技术学院"第二课堂成绩单"制度实施办法

为深入贯彻党的教育方针和党中央关于群团工作的部署，落实立德树人根本任务和共青团改革工作要求，进一步强化第二课堂在人才培养中的重要作用，加强第二课堂科学化、制度化、规范化建设，根据《高校共青团改革实施方案》（中青联发〔2016〕18号）《关于加强和改进新形势下高校共青团思想政治工作的意见》（中青联发〔2017〕10号）和《关于在高校实施共青团"第二课堂成绩单"制度的意见》（中青联发〔2018〕5号），结合学院实际，特制定本办法。

第一章 总 则

第一条 本办法旨在推进高素质应用型人才培养，创新人才培养模式，提升人才培养质量，推动第二课堂与第一课堂相互促进、相互融合，通过第一、第二课堂两份成绩单客观记录、认证学生在校期间的学习、活动的经历和成果，为学院人才培养评估、学生综合素质评价和社会单位选人用人提供重要依据，努力培养又红又专、德才兼备、全面发展的中国特色社会主义事业合格建设者和可靠接班人。

第二条 本办法旨在引导学生在坚持第一课堂学业为主的同时，积极参加第二课堂活动。针对学生思想成长、就业创业、社会实践、志愿公益、文艺体育、身心情感、工作履历、技能特长、心理健康等方面的普遍需求，进行工作项目供给，以及评价机制的系统设计和整合拓展。

第三条 学院通过"第二课堂成绩单"网络管理系统，采用学分式评价和记录式评价相结合的方式，实时记录学生第二课堂活动的经历和成果。学生毕业时，"第二课堂成绩单"与"第一课堂成绩单"共同装入学生档案，并作为日常评奖评优、推优入党、选派交流的重要依据。五年高职（后两年）严格按本办法执行。

第二章 组织机构及职能

第四条 "第二课堂成绩单"制度组织机构主要由学院、系部、班级三级组成，分别负责各级"第二课堂成绩单"制度的指导、规划、实施和管理。

第五条 学院成立"第二课堂成绩单"制度实施工作指导委员会（以下简称指导委员会），由学院党委书记、院长任主任，分管共青团、学生工作和教学工作的院领导任副主任，各系（部）、处（室）负责人为委员。指导委员会统筹开展学院第二课堂建设，负责"第二课堂成绩单"制度实施方案的制订，统筹教育教学资源和各部门协同，负责监督"第二课堂成绩单"制度实施。

第六条 指导委员会下设"第二课堂成绩单"制度实施工作办公室，办公室设在团委。具体负责第二课堂活动平台管理、活动申报及学生加分终审、成绩发布工作。

第七条 各系成立系级"第二课堂成绩单"制度实施工作组。由系主任、党总支书记任组长，成员由党总支副书记、系副主任、团总支书记、学生干事等组成，具体负责各系第二课堂活动申报，保障系统管理员队伍建设，支持第二课堂活动开展，复核本系学生第二课堂活动加分。

第八条 各班级成立"第二课堂成绩单"制度实施评议小组。由辅导员担任组长，成员由团支部和班委会成员组成，负责本班级学生参与二课活动的学期及自主加分初审工作。

第九条 各系（部）、处（室）职能部门应按要求做好第二课堂活动的规划、申报、组织、实施、指导。原则上各系（部）、处（室）组织学生参与的课外活动均应纳入二课堂活动范畴。

第三章 信息管理

第十条 第二课堂成绩单实行信息化管理。通过第二课堂信息管理系统实现第二课堂项目在线发布、学生在线选择、评价在线反馈、学时在线记录等功能，系统将自动记录学生基本信息、参与第二课堂信息和成绩信息等，逐步形成学生成长数据池，最终在学生毕业时形成"第二课堂成绩单"，实现学生第二课堂的科学化管理、规范化实施、全员化参与和全程化跟踪。

第十一条 项目开展一周前，各系（部）、处（室）和各级团学组织等项目组织方通过预先设定账号登录第二课堂信息管理系统申报项目，经第二课堂制度指导委员会办公室审核通过后发布项目开设信息，学生自由选择参与。

第十二条 学生通过账号登录第二课堂信息管理系统，查看项目信息，根据个人成长发展需求和兴趣爱好自主选择参加项目。根据要求完成后即可获得对应"第二课堂成绩单"学分。

第十三条 "第二课堂成绩单"成绩认定分为两种情况：第一，实时性加分项目：学生需登录管理系统报名参加活动，并全程按要求完成后，由系统自动给予该项目加分。第二，阶段性加分项目（仅包括青年大学习、学生干部履职情况、志愿服务时长）：由系工作组收集班级评议小组加分信息，审核后录入系统，由团委终审后加分。

第十四条 "第二课堂成绩单"学分认证要公开、公平、公正。凡发现在学分认证中弄虚作假的学生，学院将取消并扣除该生活动分数，视情节给予通报批评直至纪律处分；对徇私舞弊和不负责任的单位和工作人员，学院将视情节给予通报批评直至纪律处分。

第四章　项目管理

第十五条　学院第二课堂活动分为院级、系级、班级三种层次类型，根据活动类型给予不同分值认定。社团活动根据其挂靠单位情况纳入相应的院级或系级规划。

第十六条　结合学院人才培养特点，对应第一课堂育人目标，第二课堂项目设置四大模块，包括思政育人、技能育人、实践育人、文化育人。

（一）思政育人：主要记载大学生参加青年大学习、党团校培训、好人好事、参与急难险重工作等经历，以及争先创优获得的相关荣誉。

（二）技能育人：主要记载大学生参加各类专业技能活动、比赛经历及获得的相关荣誉。

（三）实践育人：主要记载大学生参与社会实践、志愿服务、学生干部履职等经历。

（四）文化育人：主要记载大学参加各类文化、艺术、专业、体育、心理健康、安全教育、讲座、社团等活动、比赛经历及获得的相关荣誉。

第五章　成绩管理

第十七条　学生毕业时，第二课堂信息管理系统将生成经学校认证的"四川交通职业技术学院第二课堂成绩单"，作为学生在大学期间综合素质成长情况证明，与教务第一成绩单共同记录学生大学阶段成长经历，纳入学籍档案。

第十八条　第二课堂成绩满分为100分，其构成为：思政育人（25分）、技能育人（20分）、实践育人（10分）、文化育人（45分）。学生在第二课堂成绩得60分及以上，可记2个教学必修学分。五年高职学生在第四年级第二课堂成绩得24分及以上，可记2个教学必修学分。

第十九条　学生第二课堂成绩以学期为单位累计，第一学期期末总分累计达到12分及以上；第二学期期末累计分数达到24分及以上；第三学期期末累计分数达到36分及以上；第四学期期末累计分数达到48分及以上；第五学期期末累计分数达到60分及以上，视为各时间节点第二课堂成绩达标，方可参加相关评奖评优等活动。五年高职学生第四年级第一学期累计达到12分及以上；第二学期期末累计分数达到24分及以上，视为第二课堂成绩达标，方可参加相关评奖评优等活动。

第二十条　学院团委、各系、各班要充分重视学生第二课堂成绩达标情况。团委应每学期公布学生第二课堂成绩。各系、各班对每学期第二课堂成绩未达标学生实施预警提醒，对情况严重者，应给予诫勉谈话，并加以重点关注，对完成第二课堂有客观困难者，应及时上报，并酌情处理。

第六章　保障措施

第二十一条　制度保障。"第二课堂成绩单"分数作为学院人才培养评估、学生综合素质评价的重要指标，在社会单位招录毕业生、评奖评优、推优入党、专升本、选派交流等将"第二课堂成绩单"成绩作为重要依据。

第二十二条　机制保障。各系（部）、处（室）要全面贯彻落实学院"三全育人"工作部署，认真推动"第二课堂成绩单"制度实施。

第二十三条　"第二课堂成绩单"制度按照"谁主办、谁发起、谁提交、谁负责"原则，明确主体，落实责任。活动主办方负责活动发起和总结，并通过系统给参与活动学生发放分数。"第二课堂成绩单"制度实施工作指导委员会对各系（部）、处（室）项目开展等工作给予考核评定。

第二十四条　经费保障。学院"第二课堂成绩单"信息平台建设、维护与升级等经费开支，纳入学院团委团员青年工作经费预算，由院团委负责统筹安排。

第二十五条　激励机制。学院鼓励教师积极参与学生第二课堂活动指导。组织人事处应将教师指导学生第二课堂活动工作量纳入教师教学工作量认定，具体认定方式以组织人事处公布方案为准。

第二十六条　学生权益保障。

（一）为有效推进"第二课堂成绩单"实施工作，保障学生权益，项目发起单位在项目结束后7个工作日内须线上赋分并点击项目完结。发生漏加、错加、分数发放错误等情况时，项目发起单位须在活动结束后14个工作日内向团委发起补加分申请，团委审查同意后开放信息管理系统，并限时关闭系统接口。

（二）参与项目的学生应适时关注第二课堂信息管理系统，若参与项目后未能获得第二课堂分数，须在项目分数发放后7个工作日内向项目发起单位提出补分申请，超过时限则视为放弃此项目加分。

（三）为保证学生权益和评优表彰的公平性，评优表彰所使用的"第二课堂成绩单"分数以信息管理系统在规定时间点的汇总分数为准。学生对"第二课堂成绩单"成绩或计分工作存在异议的，可书面向"第二课堂成绩单"制度实施工作办公室申诉。

第七章　附　则

第二十七条　本办法由院团委负责解释权。

附　件　"第二课堂成绩单"计分明细表

附 件

"第二课堂成绩单"计分明细表

项目类别	主要内容	计分标准	责任单位
思政育人（25分）	青年大学习	每学期完成青年大学习，凭完成记录由辅导员加1分	各系
	思想政治学习	团员按规定参加"三会两制一课"，学生按要求参与各项主题教育活动，每次加0.5分	团委、各系
	见义勇为、抢险救灾、无偿献血、捐款捐物等好人好事	提供相关证明，每次加1分。事迹突出，且被媒体宣传报道或院级及以上组织表彰，每次加3分	团委、各系
	在争先创优、志愿服务、社会实践活动中，表现突出，受院及以上表彰	1. 受院级表彰，每次加3分； 2. 受市、厅级表彰，每次加4分； 3. 受省级及以上表彰，每次加6分	团委
	完成学院及上级单位急难险重任务	经认定，完成学院及上级单位急难险重任务，每次加2分	团委
	青马工程、党校、团校培训	参加学习并取得结业证书，每次加2分	团委、各系
技能育人（20分）	参加各类课外专业技能活动	系级每次1分；院级每次2分；院级以上每次3分	各职能部门、各系
	参加各类专业技能比赛获奖	1. 系级：一等奖加6分、二等奖加4分、三等奖加3分； 2. 院级：一等奖加10分、二等奖加6分、三等奖加4分； 3. 市、厅级：一等奖加15分、二等奖加10分、三等奖加8分； 4. 省部级及以上：一等奖加18分、二等奖加15分、三等奖加12分； 5. 获国家级奖项加20分	各职能部门、各系

续表

实践育人 （10分）	参加志愿服务	每学期志愿服务时数累计达到10小时以上加1分	团委、各系
	社会实践	1. 学生个人完成假期社会实践，并按要求完成实践报告，每次加2分； 2. 成为系级重点团队成员，每次加4分；成为院级重点团队成员，每次加5分； 3. 学生完成"返家乡""逐梦计划"实践任务，每次加5分	团委、各系
文化育人 （45分）	担任学生干部，年度履职考核合格，且按时报备	班级学生干部1.5分，系级学生干部2分，院级学生干部3分	各系
	参加各类文化、艺术、体育、心理健康、安全教育等活动或比赛	1. 参加系级活动每次1分；参加院级及以上活动每次2分； 2. 担任各类文化、艺术类晚会工作人员系级每次2分、院级及以上每次3分； 3. 担任各类文化、艺术类晚会演员，系级每次3分、院级及以上每次4分	各职能部门、各系
	参加各类文化、艺术、体育、心理健康、教育等活动或比赛获奖	1. 系级：一等奖加6分、二等奖加4分、三等奖加3分； 2. 院级：一等奖加10分、二等奖加6分、三等奖加4分； 3. 市、厅级：一等奖加15分、二等奖加10分、三等奖加8分； 4. 省部级：一等奖加18分、二等奖加15分、三等奖加12分； 5. 获国家级奖项加20分	各职能部门、各系
	社团活动	参加学院学生社团，按期注册，坚持参与社团活动，每次加0.5分。每学年上限为5分，在校期间上限10分	团委
	参加各类讲座活动	每次加2分	各职能部门、各系

四川交通职业技术学院
学生军训管理办法

第一章　总　则

第一条　根据《中华人民共和国兵役法》《中华人民共和国国防教育法》《国务院办公厅中央军委办公厅转发教育部总参谋部总政治部关于在普通高等学校和高级中学开展学生军事训练工作的意见的通知》(国办发〔2001〕48号)等文件精神，提高我院大学生军训管理工作规范化、制度化、科学化水平，依照《普通高等学校军事课教学大纲》，结合我院实际，制定本办法。

第二条　本办法适用于我院所有录取的在校全日制大学生。军训是我院全日制在校学生的必修课，分为军事技能训练、国防与军事理论课两部分：

（一）军事技能训练的主要内容包括队列训练、军体拳训练等。军训团全体教官应将各军事训练科目与国防教育、革命传统教育紧密结合，提高新生的综合素养。

（二）国防与军事理论课的内容包括中国国防、军事思想、世界军事、军事战略等。学院军训领导小组办公室将按照上级有关要求及学院实际，合理安排教学内容和课时。

第三条　军训工作由学工部负责组织实施；承训部队负责军训教学过程的实施工作；教务处负责军训学生学分管理及军训时段安排；宣传统战部负责舆情监控和宣传工作；计划财务处负责整个军训的资金保障工作；后勤处从水电、食宿、医疗、卫生等方面做好生活保障工作，确保参训师生健康安全；保卫处加强校园安全保障措施，做好门卫、巡逻等方面的统筹协调，满足军训需要。

第二章　组织机构

第四条　军训工作组织机构。

1. 军训领导小组：学院军训领导小组是军训的决策领导机构，由分管院领导担任组长；学生工作部部长及承训部队负责人任副组长；成员由学工部、教务处、宣传统战部、计划财务处、保卫处、后勤处、团委相关部门负责人及各系党总支负责人组成。

2. 军训领导小组办公室：军训领导小组办公室设在学工部，学工部副部长（兼）任办公室主任，负责军训的组织、实施和协调工作。

3. 军训团：军训团建制由我院军训领导小组办公室与承训部队共同商定。军训团团长由承训部队负责人担任，军训团政委由学工部副部长（军训领导小组办公室主任）担任，副政委及军训团干事由政委根据参训学生人数来确定(可在全院范围内抽调),承训部队委派官兵担任各军训连连长,各系辅导员任各军训连指导员,院医院指派一至两名医护人员担任军训期间临时救护员。

第五条 职责分工。

(一)军训领导小组。

1. 全面领导军训工作。

2. 研究决定有关军训的重要问题。

(二)军训领导小组办公室。

1. 拟制方案、计划、经费预算等。

2. 督促和协调准备工作的落实。

3. 承训部队选定、军训服装采购。

4. 军训服装的统计、发放。

5. 学生军训开训、结训典礼。

6. 迎送承训部队官兵。

7. 撰写并上报军训总结报告。

8. 协调并负责处理军训日常事务。

(三)军训团成员。

1. 认真贯彻学院军训工作方案,坚持按计划科学实训。

2. 及时掌握参训学员的思想状况,坚持军事技能训练与思想教育相结合。

3. 团结一致,严密组织,做到训练内容、时间、人员、质量四落实,保质保量完成军训任务。

4. 规范管理,严格要求,确保安全,严防各类事故发生。

5. 组织军训成果汇报、先进集体和先进个人的评选及表彰等工作。

第三章 军训学生管理

第六条 承训部队及军训领导小组办公室共同对各连队各项训练科目进行监督,严明纪律,要求严格。

第七条 军训营区包括训练场、学生宿舍及相关室内活动场地。军训期间,军训领导小组办公室应加强军训营区管理。

(一)参训学生未经批准不得擅自离开营区。

(二)参训学生未经许可不得进入异性宿舍。

(三)爱护营区环境卫生,不得随地吐痰,不得乱扔果皮纸屑及废弃物。

(四)严格遵守公共场所的各项管理规定,做到有秩序,守纪律,讲文明,有礼貌。

第八条 参训学生要按照预备役军人的标准和要求接受军事化管理,虚心学习军队的好思想、好传统、好作风,做到讲纪律、讲文明、讲风格。

（一）服从命令，听从指挥，克服困难，坚决完成训练任务。

（二）严格执行条令、条例和各项规章制度，遵纪守法，服从管理，做到令行禁止。

（三）认真执行勤务，尽职尽责，坚守岗位。

（四）爱护辅训器材及营区设施。

（五）不迟到、不早退，遵守各项军训纪律。

（六）吃苦耐劳，勤俭节约，团结互助，文明礼貌，尊重领导。

第九条　着装规定。

（一）军训期间应按规定着装：军训期间按照规定着军训服，就餐、室内教育、课外活动时间按军训团规定着装。

（二）着军装时，不准戴耳环、项链、戒指、领（胸）饰等饰物，除工作需要和眼疾外，不准戴有色眼镜，不得撑雨伞、遮阳伞，不准佩戴非统一指定的徽章、标志。

（三）在军训团规定的换洗衣服时间内可着便服，军训期间，在室外不准穿高跟鞋和拖鞋，不准在军服外套便服，不披衣、敞怀、挽袖、卷裤腿，扣好衣领扣。

第十条　举止规定。

（一）举止端正，精神振奋，姿态良好。不袖手，不背手，不在路上边走边吃东西。

（二）参加集会、晚会必须按规定时间和顺序入场，按照指定的位置就座，遵守会场秩序，不迟到，不早退，散会时依次退场。

（三）不吸烟、不喝酒、不起哄、不打架斗殴。

第十一条　礼节、军容规则。

（一）军训团领导为参训学生的直接首长，参训学生请示或汇报时、遇见首长时应敬礼。

（二）在听到首长呼唤自己名字时，应立即答"到"，在领受首长命令或指示后，应回答"是"。

（三）参加集会时应按规定时间依规定顺序入场，按指定位置就座，遵守会场秩序，不得迟到、早退。

第十二条　免训及缓训规定。

（一）军训期间，所有免训及缓训学生均需填写并提交申请单。

（二）由于身体原因，不宜或暂时不宜参加军训的学生，须于开学后三天内持医院出具的证明（县级及以上医院），向军训领导小组办公室提出申请，办理免训或缓训手续。

（三）申请获得批准的学生可（暂）不参加军训，但必须按规定在指定位置休息或参加集体活动，不得擅自离开营区。

（四）未按时提交免训或缓训申请，或申请未获批准的学生必须按时参加军训。

第十三条　请假销假制度。

（一）军训期间，所有请假人员均须填写并提交申请单。

（二）军训期间因病请假的，必须持学院医务室或学院认可的医院开具的证明，否则必须按时参加军训。

（三）军训期间，请假1天以内由连长和指导员批准；1天以上3天以下经连长和指导员批准后还应由本人所在系党总支负责人审批；3天以上或请假离校的由军训领导小组办公室主任批准。

（四）请假到期的，必须及时向批假人销假，否则，按缺勤处理。

（五）连队指导员做好考勤记录。

第十四条 补训规定。具有以下情况之一的，经军训领导小组办公室审核必须参加下年度军训：

（一）军训期间违反相关管理规定，受到纪律处分的。

（二）故意逃避军训，或无理取闹扰乱军训秩序的。

（三）请假时间累计达5天及以上，或无故旷训达3天及以上的。

（四）按规定提出缓训申请，并获得批准的。

（五）军训成绩不合格的。

（六）其他军训领导小组认为应该参加补训的情况。

第四章　军训团人员管理

第十五条 军训团人员工作职责。军训团团长、政委联络各营，布置、指导、视察、督办军训情况；营、连长负责军事训练；副政委、指导员联络营、连长，坚守军训现场，掌握学生军训、健康、思想状况，收集汇总当日连队情况（如请假、内务、晚查寝），及时做好学生思想教育，统计上报学生军训成绩等；军训团干事负责军训期间的宣传、通信、伤病员管理、后勤保障等；医护人员负责现场参训人员突发疾病的处置与救护。

第十六条 军训管理制度：

（一）各连排建立训练前点名制，学生请假外出一律由军训教官、指导员双方共同批准。军训教官要关注每个参训学生在训练期间的身体状况，及时向指导员反馈学生身体和思想情况，确保军训期间的安全稳定。

（二）军训教官应做好参训学生思想教育、军训活动、就餐、内务、安全等方面的管理及突发事件的处理。坚持严格训练与人文关怀相结合，体能训练与思想教育相结合，教育但不辱骂学生，惩罚但不侮辱学生。不收取学生礼品和现金。不与女生谈恋爱。

军训领导小组办公室完善军训成绩的考核评价体系，从军事训练、军事理论教育、紧急疏散演练、内务、纪律、文明、汇报表演等方面进行综合评定。

参训教官的管理由承训部队负责人按照院方相关要求进行管理。

第十七条 军训团例会制度。军训期间每天上午9∶30由政委主持召开连队指导员参加的军训工作例会。

第五章　考核与表彰

第十八条 学生军训成绩由承训部队官兵、指导员及军训领导小组办公室共同考核并提交给学院教务处，军训后由各系归入学生档案。

第十九条　根据学生军训成绩和表现，按照参训总人数的10%评选军训先进个人，由学院进行统一表彰。军训团组织评选优秀指导员，名额为带训辅导员人数的20%，按考核分值从高到低依次评选。

第二十条　军训结束时,学工部要认真组织相关人员做好经验总结,上报学院军训领导小组。

第二十一条　参加军训并取得合格的成绩是学生在校期间参加各项评优奖先的必要条件,军训考核不合格者不得参加本年度各种奖助学金的评比,不得竞选学生干部及各类学生组织的领导职务。

第六章　经费管理、使用

第二十二条　军训工作费实行预算管理，根据军训内容和学院招生情况，提前做好军训工作费预算安排，并在预算经费内合理使用经费。

第二十三条　军训工作费用开支项目：

（一）军事训练费。

（二）军训教官和军训工作人员伙食费、住宿费。

（三）药品费。

（四）军训场地教官、学生饮用水费。

（五）军训材料、文具费，包括标兵、表演方队、教官、旗手的一次性白手套，拳术方队护具等。

（六）军训宣传费。

（七）军训工作人员课时费和劳务费。

（八）优秀指导员奖励。

（九）军训工作人员服装费。

（十）补录学生如在军训基地训练，将产生交通费和学生行李包装袋等费用。

第二十四条　经费使用标准。

（一）用于支付承训部队的军事训练费标准按军训合同执行。

（二）军训教官伙食费标准不超过学院教工餐标准。

（三）军训工作人员周末和节假日伙食费标准为学院教工餐标准。

（四）军训工作人员课时费按照实际带训工作量计算，加班费按学院相关规定执行。

（五）院医院派驻到军训场的医护人员劳务费标准为50元/人·天，按照实际带训天数计算。

（六）每个学生宿舍园区劳务费为1 500元。

（七）优秀指导员按400元/人标准进行奖励。

（八）其他各项军训工作经费使用按实际需要开支，并严格按照学院相关财务管理制度执行。

第七章　附　则

第二十五条　本办法自颁发之日起施行。

第二十六条　本办法由学生工作部负责解释。

四川交通职业技术学院青年文明号管理办法

第一章 总 则

第一条 为了进一步加强我院青年教职工和青年学生思想道德建设，推动青年文明工程和青年人才工程，根据《四川省青年文明号管理办法》《四川省交通运输行业青年文明号管理办法》特制定本办法。

第二条 院级青年文明号，一是指以青年教职工为主体，在教书育人、服务育人和管理育人过程中，体现高度的职业文明，具有高超的业务水平和专业技能，创造一流工作成绩的教师青年集体；二是指以青年学生为主体，在自我教育、自我管理、自我服务中，体现高度的组织纪律性，具有良好的思想道德素质和良好的学风、班风，创一流学习成绩的学生青年集体。

第三条 青年文明号活动是新时期青年文明工程的重要组成部分，以倡导职业文明为核心，以行为规范为标准，以科学管理为手段，以岗位建设、岗位创优为重点，是凝聚、团结青年教职工和青年学生的有效形式，是新时期学院思想政治工作的有效载体。

第二章 组织与领导

第四条 四川交通职业技术学院青年文明号（以下简称院级青年文明号），是四川交通职业技术学院对全院各青年创建集体认定后给予的荣誉称号。

第五条 学院成立"双争"（争当青年岗位能手、争创青年文明号）领导小组，学院分管团委工作的院级领导任组长，各处（室）负责人、系（部）党总支书记任成员。"双争"领导小组办公室设在院团委，团委书记任办公室主任。

第六条 "双争"领导小组统一负责院级青年文明号的考核、评审、管理及厅级青年文明号推荐等工作，日常工作由院团委负责。

第三章　基本条件

第七条　教师青年集体创建院级青年文明号应具备条件。

（一）教师青年集体申报青年文明号创建集体应具备的条件。

1. 教师青年集体创建集体人数一般为3人以上，35周岁以下青年占50%以上，负责人中至少有一个年龄不超过35周岁的行政负责人。

2. 该集体要自觉遵守国家法律法规及本单位各项规章制度，模范执行《中华人民共和国教师法》《教师职业道德规范》，具有较高的职业理想、职业技能和职业纪律。

3. 该集体围绕学院中心工作开展富有实效的创建活动，有明确的创建规划，细化创建标准，醒目的创建标识，有形的创建载体，根据青年特点生动活泼、扎实有效地开展青年文明号创建活动。

（二）教师青年集体申报青年文明号验收应具备的条件。

1. 青年文明号教师创建集体须经过6个月创建方可申报青年文明号验收。

2. 该集体在创建期间不能有教学事故发生或因工作失误造成重大事故、经济损失。

3. 截至验收日期，创建集体的创建规划和目标等各项指标均达标。

第八条　学生青年集体创建青年文明号应具备的条件。

（一）学生青年集体申报青年文明号创建集体应具备的条件。

1. 该集体应自觉遵守学院各项规章制度和《学生守则》，朝气蓬勃，团结向上，有良好的学风和班风。

2. 50%以上的同学是团员或中共预备党员、党员。

3. 前一学期考试课平均学分绩点1.5分；不及格人次（含补考、重修）不超过总人次的15%；受处分人数不超过班级总人数的3%；该团支部无重大违纪（群殴、违法犯罪等）事件发生。新生班级入校两个月后也可申报创建集体。

4. 该集体申报期间积极参加学院组织的各项活动，积极主动开展青年志愿者活动，青年志愿者在"志愿四川"服务平台实名制注册人数占班级总人数的90%以上，服务平均时数达10小时，10%以上的同学担任院系学生干部工作称职。

5. 该集体二课堂成绩达标率占班级总人数的90%以上。

6. 该集体有明确的创建规划，细化创建标准，醒目的创建标识，有形的创建载体，根据青年特点生动活泼、扎实有效地开展青年文明号创建活动。

（二）学生青年集体申报青年文明号验收应具备的条件。

1. 申报青年文明号验收的学生青年集体是创建时间不低于6个月青年文明号创建集体。

2. 在接受验收时的前一学期考试课平均学分绩点2.3分；不及格人次（含补考、重修）不超过总人次的10%；受处分人数不超过班级总人数的2%；创建期间该集体无重大违纪（群殴、违法犯罪等）事件发生。

3. 该集体针对受处分人员有切实可行的帮教措施，且实施有明显效果，无因学业不达标被勒令退学的学生。

4. 该集体创建期间积极参加学院组织的各项活动，积极主动开展青年志愿者活动，青年志愿者在"志愿四川"服务平台实名制注册人数占班级总人数的100%，服务平均时数达20小时，且个人服务时数不少于10小时。

5. 10%以上的同学担任院系学生干部以及各级社团组织的主要负责人（社长、副社长），工作称职。

6. 该集体二课堂成绩达标率占班级总人数的95%以上。

7. 该集体截至验收日期，该集体的创建规划和目标等各项指标均达标。

第四章 创建与申报

第九条 教师青年集体申报青年文明号创建集体，要填写《院级青年文明号创建集体申报表（教师青年集体）》，附创建活动规划，直接上报"双争"领导小组办公室审核、公示。

第十条 青年教职工创建集体申报青年文明号验收时，填写《院级青年文明号验收申报表》，报"双争"领导小组办公室适时组织青年文明号的验收，并将验收结果报学院批准后发文命名、授牌。

第十一条 学生青年集体申报青年文明号创建集体的初审由各系团总支负责。申报创建集体可在每月上旬向所属系团总支提出申请,填写《院级青年文明号创建集体申报表(学生青年集体)》（一式两份），附创建活动规划，初审合格后上报"双争"领导小组办公室审核、公示。

第十二条 学生青年集体创建期间主动接受院学生会、系学生分会的监督，按期上交《创建集体月报表》。创建期满由各系团总支初审合格后填写《院级青年文明号验收申报表》，上报"双争"领导小组适时组织青年文明号的验收，并将验收结果报学院批准后发文命名、授牌。

第十三条 逾期未能达到创建目标的集体，应主动放弃申请验收的资格，创建时间自动延长一个月（寒暑假除外），创建目标可根据实际情况作出适当调整，超出延长期仍不能达到创建目标的集体，原创建规划和目标作废，要求继续申报的集体应重新建档。

第十四条 教师青年创建集体要向全院公开承诺，公布监督电话；学生青年创建集体由"双争"领导小组办公室公布寝室号或位置，接受全院师生监督。

第十五条 学生青年集体自取得创建资格起,必须有两个月以上的创建过程,方能申报验收。

第十六条 "双争"领导小组适时组织青年文明号的验收，并将验收结果报学院批准后发文命名。

第十七条 对评定成绩优异的院级青年文明号的集体，学院将根据公开、择优的原则推荐该集体至省交通运输厅参加厅级青年文明号评比活动。

第五章　考核与管理

第十八条　做好青年文明号的档案管理，逐步完善青年文明号申报、考核、命名、奖励的工作程序，实现青年文明号管理工作科学化、制度化、规范化。

第十九条　获得院级青年文明号荣誉的集体，由学院授予青年文明号牌匾。

第二十条　青年文明号不搞终身制，由各系团总支学生会实施过程控制，院团委学生会不定期抽查，"双争"领导小组进行考核，经考核符合标准的继续挂牌，不符合标准的予以限期整顿或撤销。

第二十一条　凡院级青年文明号集体、青年文明号创建集体发生以下情况之一者，视情节轻重给予该集体相应的处理。

（一）青年文明号集体中，有违纪现象或责任事故的将受到警告。

（二）教师青年文明号发生教学事故或安全事故，教职工思想素质下降，工作懒散，有不文明行为现象；学生青年文明号不符合基本条件的规定，由"双争"领导小组办公室发出整改通知，整改期间不得悬挂青年文明号牌匾。整改期满，由"双争"领导小组办公室考察验收，验收合格，继续悬挂青年文明号牌匾；验收不合格，撤销青年文明号称号，并摘除牌匾。

（三）凡申报青年文明号创建集体自公示结束之日起半年以上（含半年）不申报青年文明号验收的，取消其创建集体称号；青年文明号集体自授接牌之日起半年不申请复查的，"双争"领导小组办公室可以直接摘牌。

（四）青年文明号集体、青年文明号创建集体凡出现严重不符合基本条件，或出现群斗、群殴、偷盗、罢课、聚众赌博等严重违纪行为，造成较大影响，严重损害青年文明号和青年文明号创建集体形象的，可以不经整改，经"双争"领导小组办公室查实后，直接予以摘牌、撤销其称号。

第六章　表彰与奖励

第二十二条　获得院级青年文明号的集体，由"双争"领导小组召开青年文明号命名授牌大会授牌表彰。

第七章　附　则

第二十三条　本办法自公布之日起执行，原《四川交通职业技术学院青年文明号管理办法（2017年版）》废除。

第二十四条　本办法的解释权属院团委。

四川交通职业技术学院
学生志愿服务与社会实践管理办法

第一章 总 则

第一条 为加强对四川交通职业技术学院学生志愿服务与社会实践活动的组织管理，促进我院学生社会实践活动持续、有效、常态化地开展，根据国家相关法律规定和教育部《普通高等学校学生管理规定》、教育部《学生志愿服务管理暂行办法》，特制定本办法。

第二条 本管理办法所指的学生志愿服务与社会实践是学生在课堂教学和实践教学之外，深入社会、了解社会、适应社会和服务社会的各项志愿服务与社会实践活动。学院把社会实践作为在校学习、第二课堂的重要补充，目的是促进学生的社会化进程，培养学生的社会责任感，提高学生的社会适应能力和社会竞争力。

第三条 志愿服务与社会实践坚持"受教育、长才干、作贡献"的宗旨，搭建"学校—社区—学生—企业"的"四位一体"模式，鼓励学生研习志愿精神、劳动精神、劳模精神和工匠精神，打造具有"实践教育"特色的校园文化。着手打造"知识+平台+品牌+示范"培养模式，做好志愿服务与社会实践要结合思想政治教育、专业学习、就业创业、服务社会、重要节日和纪念日的思想引领工作。

第二章 组织和实施

第四条 学院成立由分管团委工作的院级领导、团委书记、系党总支负责人组成的志愿服务与社会实践领导小组。学生志愿服务与社会实践工作由领导小组统一规划管理，由院团委具体负责。各系学生志愿服务与社会实践工作在系党总支领导下，由系团总支具体组织实施。

第五条 志愿服务与社会实践包含课内教学与课外实践两个部分，其中课内教学用于讲授、指导志愿服务与社会实践理论方法、报告撰写；规划、设计年度目标，交流学习成果。课外实践主要包含志愿者服务、三下乡社会实践、挂职锻炼、专业技能实践、科技服务、文艺汇演、社区服务等。

第六条 学生参加志愿服务与社会实践活动，有个人分散活动和参加团队活动两种途径。其中，团队活动是指以系、班级、党团支部、学生组织、学生社团、课题组等集体形式组织的志愿服务与社会实践活动。团队可以由本系、本年级、本班的学生组成，也可以由不同系、不同年级、不同班级的学生组成。团队活动以社区、各级各类学生实践基地为主要依托，按照项目化运作模式，配备指导教师，集中组织开展。

第七条　学院重点扶持学生组建结合专业，前往老少边穷地区，以及跨系、跨年级的暑期"三下乡"实践团队。5人以上的团队，服务时间为7天及以上的，可申报院级重点团队。重点团队的立项须由团队发起人填写《暑期"三下乡"社会实践活动重点团队立项申请表》，制作项目计划书，经发起人所在系团总支审核后，报送院团委，由院团委根据团队项目性质进行项目评审。

第八条　学生在暑期"三下乡"实践活动期间，要认真收集整理真实、全面反映实践活动过程的图片、文字材料，及时报告实践活动开展情况。实践活动结束后，须向院团委提交高质量的社会实践报告和相关图片资料。

第三章　工作要求

第九条　学院各级团组织要在学院志愿服务与社会实践领导小组的工作指令下深入、扎实地组织开展好社会志愿服务与社会实践，切实加强对志愿服务与社会实践的组织和指导，强化学生安全意识。自愿组团参加暑期"三下乡"社会实践的学生，必须统一签订《大学生暑期"三下乡"社会实践个人安全责任书》《大学生暑期"三下乡"社会实践团队安全责任书》。

第十条　学生在校期间，须参加校内外志愿服务，每学期服务时数不少于10小时；每学年须参加一次暑期"三下乡"社会实践活动，每次时间不少于一周。参加暑期"三下乡"社会实践的学生要认真填写《暑期"三下乡"社会实践活动登记表》，并完成一篇字数不少于1000字、有本人参与实践照片的，真实保质的实践报告。实践报告经团支部初评交所在系团总支审核后，将成绩报院团委审批评优。

第十一条　各级团组织要不断丰富志愿服务与社会实践的内容和形式，了解基层需求，科学规划项目，提倡"做中学"和"学中做"，手脑并用，知行合一。激励学生参与志愿服务与社会实践，走进工厂、走进基层、走进社会，让学生能全方位、多角度地参与各项志愿服务与社会实践活动，进一步加强让学生在校期间接触社会、体验社会、服务社会、奉献社会的机会，达到实践育人的目的。

第十二条　实践过程中，团队和个人应遵循实践要求，遵纪守法，遵守校纪校规，确保安全，积极维护学院的声誉。

第四章　经费管理

第十三条　学院团委从团员青年工作经费中列支费用，用于院级志愿服务与社会实践活动开展。各系也可以通过多渠道积极寻求、争取社会各界的支持和赞助，扩大经费来源。

第十四条　院级志愿服务与社会实践的经费主要用途包括：志愿服务学生补助；资助立项的暑期"三下乡"院级重点项目、一般实践项目；奖励优秀志愿服务队伍、先进个人和优秀志愿服务指导老师；奖励暑期"三下乡"社会实践优秀团队、先进个人和社会实践优秀指导教师；为志愿服务队伍、院级社会实践重点团队等购买服装、旗帜、短期意外保险、公共交通费、餐食补贴等开支。

第十五条　学院对于经过审定立项的志愿服务、暑期"三下乡"院级重点团队和其他课外实践项目，以院级志愿服务与社会实践经费给予一定的经费支持，资助经费主要用于志愿服务、暑期"三下乡"院级重点团队和其他课外社会实践的部分活动开支。经费额度综合考虑地区、人数、项目内容等因素，成都市（含所辖区县）范围内按每人每天40元经费资助；三州地区按每人每天60元经费资助；省内除成都、三州外，其余地区按每人每天50元经费资助。

第十六条　暑期"三下乡"院级重点团队和其他课外实践结束后，院团委将对社会实践活动成果进行验收，并根据活动效果核定项目完成情况，确定经费资助金额。对于作虚假活动策划或没有按策划开展实践活动的，院团委将视情况扣除经费资助经费。

第五章　奖励办法

第十七条　学院每年组织一次暑期"三下乡"社会实践表彰活动、一次优秀志愿服务队伍、优秀星级志愿者评定（优秀星级志愿者在校师生每人仅可参评一次），由院团委负责具体实施。

第十八条　对于在评定中获表彰的集体和个人，团委按照学生活动经费管理办法先进个人 200元/人、优秀集体 500元/个，给予奖金奖励；对成果突出的指导老师按照有关规定给予 500元/人，奖金奖励。

第十九条　对于在志愿服务与社会实践活动中表现突出的团队和个人，由学院团委择优推荐参加市级、省级表彰。获得省和省级以上表彰的集体和个人，按学院有关规定予以奖励。

第二十条　学生志愿服务与社会实践考核成绩作为学生二课堂成绩单加分依据。

第六章　附　则

第二十一条　本办法自公布之日起执行，原《学生社会实践活动管理办法（2017年版）》废除。

第二十一条　本办法由团委负责解释。

四川交通职业技术学院
学生文明行为规范

为进一步加强校园精神文明建设，维护正常的校园秩序，营造良好的校园文明氛围，提倡健康文明的生活方式，特制定我院学生文明行为规范。

一、爱国爱校爱集体，遵纪守法，坚持正义，敢于同不良现象作斗争。

二、严谨求学，刻苦努力，勤于锻炼，乐观向上。

三、维护校园秩序，不妨碍他人学习、生活，不损害他人利益，在公共场所服从工作人员管理，禁止喧哗、起哄等一切不文明行为，敢于制止各种不文明行为。

四、爱护公共环境，讲究个人卫生。不乱倒脏水，乱扔杂物，不吸烟，不随地吐痰，不边走边吃零食。

五、爱护公共财物，不损坏公共设施，不践踏花草，不乱刻乱写。

六、仪表端庄，穿戴得体。不穿拖鞋、背心和不宜在公共场所穿着的时装进入公共场所。

七、谈吐文明，举止高雅。不说脏话，不打架斗殴，不酗酒，不赌博；男女交往得体，不得在公共场所接吻、搂抱。

八、尊师重教，严守课堂纪律和考试纪律，进入教室必须关闭手机。

九、恪守寝室文明公约，不晚归，不留宿异性和室外人员，不影响他人学习和休息。

十、崇尚科学，反对迷信，敢于同一切"伪科学"作斗争。

全院师生有权利和义务对违反文明行为规范者进行监督、教育和批评。对违反上述行为规范情节严重、屡教不改者，参照《四川交通职业技术学院学生违纪处理管理办法》给予纪律处分。

四川交通职业技术学院
勤工助学实施办法（2021年修订）

第一章 总 则

第一条 为进一步规范学院勤工助学工作，促进勤工助学活动健康、有序开展，保障学生合法权益，帮助学生顺利完成学业，发挥勤工助学育人功能，培养学生自立自强、创新创业精神，增强学生社会实践能力，特制定本办法。

第二条 本办法适用于在校接受全日制普通类高等教育的本专科学生。

第三条 本办法所称勤工助学活动是指学生在学院的组织下利用课余时间，通过劳动取得合法报酬，用于改善学习和生活条件的社会实践活动。

第四条 勤工助学是学院学生资助工作的重要组成部分，是提高学生综合素质和资助家庭经济困难学生的有效途径，是实现全程育人、全员育人、全方位育人的有效平台。勤工助学活动应坚持"立足校园、服务社会"的宗旨，按照学有余力、自愿申请、信息公开、扶困优先、竞争上岗、遵纪守法的原则，在不影响学院正常教学秩序和学生正常学习的前提下有组织地开展。

第五条 勤工助学活动由学院学生资助管理中心统一组织和管理。学生私自在校内、外打工的行为，不在本办法规定之列。学生私自打工造成的后果由学生自己负责。

第二章 组织机构

第六条 学院学生资助工作领导小组全面领导学院学生勤工助学工作，负责协调学院相关部门开展助学工作。

第七条 学生工作部全面指导学生资助管理中心开展学生勤工助学工作，学生资助管理中心下设学生勤工助学管理服务中心，具体负责勤工助学的日常管理工作。学生资助管理中心主任兼任勤工助学管理服务中心主任。

第三章 学院职责

第八条 组织开展勤工助学活动是学校学生工作的重要内容。学院学生资助工作领导小组要加强领导，认真组织，积极宣传，根据国家有关规定，筹措经费，设立勤工助学专项资金，统筹资金的使用与管理。校内有关职责部门要充分发挥作用，在工作安排、人员配备、资金落实、办公场地、活动场所及助学岗位设置等方面给予大力支持，为学生勤工助学活动提供指导、服务和保障。

第九条 学生资助管理中心要加强对勤工助学学生的思想教育，培养学生热爱劳动、自强不息、创新创业的奋斗精神，增强学生综合素质，充分发挥勤工助学育人功能。对在勤工助学活动中表现突出的学生予以表彰和奖励，对违反勤工助学相关规定的学生，按照规定停止其勤工助学活动。对在勤工助学活动中违反校纪校规的，按照校纪校规进行教育和处理。

第四章 学生勤工助学管理服务中心职责

第十条 确定校内勤工助学岗位。引导和组织学生积极参加勤工助学活动，指导和监督学生的勤工助学活动。

第十一条 积极开拓校外勤工助学资源，建立优质、安全、稳定的校外勤工助学基地，并纳入学院管理。

第十二条 接受学生参加勤工助学活动的申请，安排学生勤工助学岗位，为学生和用人单位提供及时有效的服务。

第十三条 在学校学生资助管理机构的领导下，配合学校财务部门共同管理和使用学校勤工助学专项资金，制定校内勤工助学岗位的报酬标准，并负责酬金的发放和管理工作。

第十四条 组织学生开展必要的勤工助学岗前培训和安全教育，维护勤工助学学生的合法权益。

第十五条 加强对勤工助学学生的考核和对设岗部门的用工评价。

第十六条 安排勤工助学岗位，应优先考虑家庭经济困难的学生。对少数民族学生从事勤工助学活动，应尊重其风俗习惯。

第十七条 不得组织学生参加有毒、有害和危险的生产作业以及超过学生身体承受能力、有碍学生身心健康的劳动。

第十八条 定期开展安全教育、办公礼仪、办公软件等通用技能培训，提高学生防诈骗意识，树立学生自立自强、劳动光荣意识。

第十九条 建立每月勤工助学台账，台账包括勤工助学申请表、勤工助学协议书、每月各岗位学生名单及工资发放明细。

第五章 用工部门职责

第二十条 加强对本部门勤工助学学生的关心和教育。组织开展勤工助学岗前培训和安全教育。设岗部门要培养学生的职业技能、树立学生热爱劳动、爱岗敬业的精神，定期开展岗位安全教育、劳动纪律、岗位技能培训等。

第二十一条　建立每月勤工助学台账，台账包括勤工助学协议书、每月各岗位学生的考勤签到表及工资发放明细。

第二十二条　不得安排学生从事岗位职责以外的任何劳动，以及超过学生身体承受能力、有碍学生身心健康的劳动。

第六章　校内勤工助学岗位的设置

第二十三条　校内勤工助学岗位的设置必须遵守国家的法律法规、社会公德及学院的规章制度，必须保证不影响学院的正常管理、教学和生活秩序，不影响学生正常的学习、生活，不得侵害学生在劳动保护方面的合法权益。

第二十四条　岗位类型：校内勤工助学岗位分固定岗位和临时岗位。

固定岗位是指持续一个学期及以上的长期性岗位。校内勤工助学固定岗位设置以教学助理、科研助理、行政管理助理、公共服务助理为主，以培养学生技术技能和综合能力，提升职业素养和品德修养为主。

（二）临时岗位是指不具有长期性，通过一次或几次勤工助学活动即完成任务的工作岗位。

第二十五条　固定岗位设岗原则。以按工时定岗位和按岗位定工时相结合。

（一）按工时定岗位

各岗位工作时长原则上每周不超过 8 小时，每月不低于 20 小时，特殊岗位寒暑假可适当延长。

1．系办公室：1 000 人以下的系可设 2 个行政助理岗位，在校学生每增加 1000 名可增设 1 个行政助理岗位。

2．实训室：使用中的实训室每超过 6 间可设 1 个助理岗位协助从事管理工作。

3．综合部门：校内综合部门可根据工作需要及人员编制情况向勤工助学管理服务中心提出设岗申请，逐级审核同意后定岗。设立勤工助学岗位应合理、精干，杜绝浪费人力，并体现育人成效。无学生的教学部门按综合部门设岗标准执行。

（二）按岗位定工时

学生事务服务中心：学生事务中心岗位分为业务服务窗口、咨询服务窗口和综合服务窗口，工作时长为每天 8 个小时。各个服务窗口采取轮岗上班制，每个学生每月上岗时间不超过 40 小时。

第二十六条　岗位设置根据需求每年 2 月、9 月调整一次。用工部门岗位需求须在每学期末向勤工助学管理服务中心提交。学生工作部根据上学年度对用工部门的育人效果评价适当增减各部门用工岗位。评价内容包括考勤制度、对学生能力提升的实际作用等。

第二十七条　学院鼓励学生参加公益服务。公益服务具有志愿服务性质，不计报酬。校内勤工助学固定岗位学生每月至少参加一次公益服务。

第七章　校外勤工助学管理

第二十八条　学校勤工助学管理服务中心组织统筹管理校外勤工助学活动，并注重与学生学业的有机结合。

第二十九条　校外用人单位聘用学生勤工助学，须向学校勤工助学管理服务中心提出申请，提供法人资格证书副本和相关的证明文件。学生勤工助学管理服务中心经学院授权，代表学院与用人单位和学生三方签订具有法律效力的勤工助学协议书并办理相关手续后，推荐符合工作要求的学生参加勤工助学活动。

第三十条　学生在校外勤工助学活动中违纪的，按照学校的相关规定处理。

第三十一条　学生在校外开展勤工助学活动，应在学校规定的作息时间内返回学校住宿，严禁以参加校外勤工助学活动为由在校外留宿。

第三十二条　学生从事校外勤工助学活动，除按学校要求登记备案以外，还必须征得家长同意和支持，且不得占用学习时间。

第三十三条　从事校外勤工助学活动时，要提高警惕，注意安全防范，保护好自己的合法权益。如遇重大事件，应及时向公安机关报案，并及时向学校报告。

第八章　勤工助学酬金标准及支付

第三十四条　校内固定岗位按月计酬。

校内固定岗位以每月 40 个工时的酬金，按照当地政府或有关部门制定的最低工资标准或居民最低生活保障标准为计酬基准，可适当上下浮动。固定岗位月工资计算公式为：计酬基准×实际工作时长÷40。月工资由基本工资和绩效考核工资两部分构成，按计酬基准的50%作为每月基本工资，每月工作时达到 20 小时可全额发放基本工资，超出时长发放绩效工资。绩效考核工资详见《四川交通职业技术学院勤工助学绩效工资考核办法》（附件1）。

第三十五条　校内临时岗位按小时计酬，每小时酬金参照四川省政府或有关部门规定的最低小时工资标准适时调整，原则上不低于每小时 12 元人民币。

第三十六条　校外勤工助学工资不得低于成都市政府或有关部门规定的最低工资标准，由用人单位、学校与学生协商确定，并写入聘用协议。

第三十七条　学生参加校内非营利性单位（部门）的勤工助学活动，其相关报酬由学生勤工助学活动服务中心从勤工助学专项资金中支付；学生参与校内营利性单位或有专门经营项目的勤工助学活动，其相关报酬原则上由用工单位（部门）支付或从项目经营中开支。

第三十八条　学生校内勤工助学报酬按月发放至学生个人银行卡上，任何单位（部门）和个人不得抵扣、截留和挪用。凡对劳动报酬有异议者，可及时向学生工作部反映，学生工作部须在五个工作日内回复学生。

第九章　勤工助学岗位招聘及考核

第三十九条　勤工助学招聘按照扶困优先，择优录用原则，确定勤工助学人选。原则上首先满足家庭经济困难学生，优先考虑家庭经济特别困难学生。辅导员应在招聘信息发布的第一时间协助家庭经济困难学生申请勤工助学岗位。

第四十条　所有勤工助学岗位实行公开招聘。"用工单位提出申请—勤工助学管理服务中心审核—发布招聘信息—学生申请—辅导员审核—招聘面试—签订勤工助学协议书—培训上岗"的程序进行。

第四十一条　对勤工助学学生的考核制度。学生在勤工助学中应遵守工作纪律，按时到岗，认真工作。因故不能出勤的应向用工教师请假，无故旷工超过三次的，作退职处理。学生离岗应提前两周向用工部门提出辞职申请，经批准后，方可离岗。对擅自离岗、不遵守用工部门管理者，用工单位（部门）有权终止其勤工助学，并报勤工助学管理服务中心备案。对在勤工助学活动中违反校纪校规的学生按照学校管理规定进行教育和处理。

第四十二条　对用工单位的考核制度。

用工部门应以立德树人为目的开展对勤工助学学生的培训及管理。要对学生进行技能培训，对工作责任心欠佳的学生要进行思想教育。

各用工部门应规范考勤制度，对学生到岗实行签到考核，严格按工作时长发放工资。勤工助学管理服务中心将对各部门考勤进行抽查，对未实施育人功能和不严格考勤的部门减少设岗岗位。

不得安排学生从事岗位职责以外的任何劳动，如有违反的将对用人单位所设岗位予以取消。

第四十三条　对勤工助学表现突出的学生予以表彰和奖励。设立"勤工助学岗位能手"对表现优秀的 20 名勤工助学学生予以 300 元奖金奖励；设立"勤工助学岗位明星"对表现优异并为学院或社会有突出贡献的 10 名学生予以 800 元奖金奖励。表彰办法见附件 2《四川交通职业技术学院勤工助学表彰评选标准》。

第十章　法律责任

第四十四条　在校内开展勤工助学活动的，学生及用人单位须遵守国家及学校勤工助学相关管理规定。学生在校外开展勤工助学活动的，勤工助学管理服务组织必须经学校授权，代表学校与用人单位和学生三方签订具有法律效力的协议书，签订协议书并办理相关聘用手续后，学生方可开展勤工助学活动。协议书必须明确学校、用人单位和学生等各方的权利和义务。开展勤工助学活动的学生若出现协议纠纷或发生意外伤害事故，协议各方面应按照签订的协议协商解决；如不能达成一致意见，按照有关法律法规规定的程序办理。

第四十五条　任何组织或个人未经允许不得使用学校及其下属机构的名称、标识等以勤工助学活动的名义组织、开展活动，一经发现，应给予严肃的批评教育。经教育仍不改正的，由此给学校带来的影响、损失由该组织或个人承担，学校有权给予相应的纪律处分或追究其法律责任。

第十一章　附　则

第四十六条　《四川交通职业技术学院学生勤工助学管理实施办法》（川交职院函办〔2018〕270号）作废。本办法从发文之日起实施，由学生工作部负责解释。

附件1　四川交通职业技术学院勤工助学绩效工资考核办法
附件2　四川交通职业技术学院勤工助学表彰评选标准

附件1

四川交通职业技术学院
勤工助学绩效工资考核办法

考核项目	目标内容	考核细则
工作时长	完成基本工作时长	1. 每月工作时长低于20小时的，每少一小时按月基本薪酬/40小时扣减基本工资，不发绩效工资； 2. 每月工作时长高于20小时的，每增一小时按月基本薪酬/40小时计算发放绩效工资
工作质量	按时保质完成工作	1. 未完成工作任务的每次扣20元； 2. 工作任务完成质量不高的每次扣5～10元； 3. 工作出现失职失误的，一般严重扣20元，非常严重扣50元
工作纪律	遵守工作纪律	1. 因事请假的每次扣5元； 2. 无故旷工的，每次扣15元，无故旷工三次，取消聘用资格； 3. 无故迟到早退的每次扣5元

附件 2

四川交通职业技术学院
勤工助学表彰评选标准

为激励学生热爱劳动、自强自立的奋斗精神，树勤工助学模范典型学院对表现优秀的勤工助学学生设 20 名"勤工助学岗位能手"表彰并予以 300 元奖金奖励；对表现优异对学院和社会有贡献的学生设 10 名"勤工助学岗位明星"表彰并予以 800 元奖金奖励。

（一）基本评选条件

在岗位上工作满一年，无迟到早退，旷工，全年累计请假不超过 5 次；遵守勤工助学管理中心培训制度，岗位培训无迟到早退，无缺勤；能按时保质完成岗位工作，表现良好；有奉献精神，吃苦耐劳，每学期至少参加一次公益岗位服务。

（二）"勤工助学岗位能手"评选标准

首先由部门根据学生工作能力、工作责任心、服务意识、职业素质等推荐不超过 1/2 的用工学生进入选拔，再由资助管理中心组织推荐勤工助学学生参加岗位技能考试，试题由勤工助学管理中心拟定，试题内容包含：office 操作、职业道德、勤工助学管理制度等，成绩前 20 名学生可获得此表彰。

（三）"勤工助学岗位明星"评选标准

获得"勤工助学岗位能手"的学生可参加岗位明星评选，重点考查学生精神激励、道德奉献和职业素质方面的能力，选出不超过 10 名学生获得此表彰。具体参见《勤工助学岗位表彰评分标准》。

勤工助学岗位表彰评分标准

勤工助学岗位能手评分标准		
评分指标	评分标准	分值
岗位技能	Office 办公软件操作	40
	职业道德	10
	勤工助学管理制度	20
	时政	15
	职场礼仪	5

续表

| \multicolumn{5}{c|}{勤工助学岗位明星评分标准} |
考察项目	分值	考察指标	要求	单项分值
精神激励	50	影响力	通过演讲进行考核，主要考核以下方面：个人形象、语言表达、工作能力、思想道德、励志上进	40分
		个人优秀能力	品学量化分	10分
道德奉献	20	参加社会慈善公益	无经济收益，经官方公益组织认定	3分/次
		参加学院大型活动的公益服务	无工资，无二课分，经资助管理中心认定	1分/次
能力素质	30	职业技能	英语六级计2分；英语四级计1分	20分
			计算机二级证书计1分；计算机一级证书计0.5分	
			国家官方资格认定机构认定的与所学专业相关的资格证书计1分	
		勤工助学岗位技能	以岗位能手考试分数按比例折算，作为此项考核分	10分

四川交通职业技术学院
校园秩序与课外活动管理办法

为了维护校园秩序，保障学生的学习和生活，特制定本办法。

第一条　学院应当建立和完善学生参与民主管理的组织形式，通过校务公开、学生代表提案等方式支持和保障学生依法参与学院民主管理。

第二条　学生应当自觉遵守公民道德规范，自觉遵守学院管理制度，创造文明、整洁、优美、安全的学习和生活环境。不得有酗酒、打架斗殴、赌博、吸毒，传播、复制、贩卖非法书刊和音像制品等违反治安管理规定的行为；不得出版、印刷、散发未经学院审批的宣传品、印刷品；不得参与传销和进行邪教、封建迷信活动；不得从事或参与有损大学生形象、有损学院声誉、有损社会公德的活动。

第三条　任何组织和个人不得在学院内进行宗教活动。

第四条　学生可在校内组织参加学生团体。学生成立团体，须按《四川交通职业技术学院社团管理办法》提出书面申请，报学院审批。学生团体应在宪法、法律法规和学院管理制度范围内活动，接受学院的领导和管理。

第五条　学院提倡并支持学生团体开展有益于身心健康的学术、科研、艺术、文娱、体育等活动。

课外活动必须在不影响学院正常的教育教学秩序和生活秩序下进行。

第六条　学院鼓励、支持和指导学生参加社会实践、社会服务和开展勤工助学活动。学院将社会实践、社会服务纳入学生培养计划，由学院团委组织实施。

学生参加勤工助学活动须遵守法律法规以及学院、用工单位的管理制度，履行勤工助学的有关协议。学生勤工助学活动的有关管理规定详见《四川交通职业技术学院学生勤工助学实施办法》。

第七条　学生举行大型集会、游行、示威等活动，须按法律程序和有关规定获得批准，对未获批准的，学院依法劝阻或制止。

第八条　学生使用计算机网络应遵循国家和学院关于网络的使用规定。不得登录非法网站、传播有害信息。

第九条　学院要建立健全学生住宿管理制度，学生必须遵守学院关于学生住宿管理的规定。有关规定详见《四川交通职业技术学院学生宿舍管理办法》。

四川交通职业技术学院
学生申诉管理办法

第一章 总 则

第一条 为确保对学生处理和处分决定的客观、公正，保障学生的合法权益，根据《普通高等学校学生管理规定》（教育部令 41 号）和有关法律法规的规定，特制定本办法。

第二条 本办法所称的申诉，是指学生对学院作出的涉及本人权益的处理或处分决定不服，向学院"学生申诉处理委员会"提出申诉的行为。

第三条 学生应坚持严肃、认真、诚实、信用的原则提出申诉；学院坚持公开、公正、实事求是、有错必纠的原则处理学生的申诉。

第四条 本规定适用于在我院接受普通高等学历教育的所有学生。在学院接受高等教育继续教育的学生、留学生参照执行。

第二章 申诉机构

第五条 学院成立学生申诉处理委员会，以下简称申诉委员会。申诉委员会成员由学院分管学生工作的院级领导和教务处、学生工作部的部门负责人以及教师代表 1 人、学生代表 1 人、负责学校法律事务的相关人员等组成，组成人数一般为 5~7 人。申诉委员会下设办公室，办公室设在学院监察审计处。

第六条 学生申诉处理委员会的职责。

1. 受理学生的申诉。
2. 对申诉进行复查，向有关单位（部门）和人员调查，查阅有关文件和资料。
3. 给出复查后的处理意见。
4. 学生对复查处理有异议，应协助学生向上级主管部门提出申诉。
5. 学院规定的其他职责。

第七条 申诉的范围。

学生对下列决定有异议，可以提出申诉：

1. 违规、违纪受到学院纪律处分。
2. 被取消入学资格或被退学处理的。
3. 其他涉及学生个人权益的相关处理或处分决定。

第三章　申诉受理

第八条　申诉和受理期限。

1. 学生若对学院作出的涉及本人权益的处理或处分决定有异议，须在收到决定书或公告之日起 10 日内向申诉处理委员会提出书面申诉。
2. 申诉处理委员会对学生提出的申诉进行复查，并在接到书面申诉之日起 15 日内作出复查结论并告知申诉人。情况复杂不能在规定限期内作出结论的，经分管院领导批准，可延长 15 日。学生申诉处理委员会认为必要的，可以建议学院暂缓执行有关决定。

第四章　申诉的复查

第九条　申诉委员会在受理学生申诉后，根据实际情况可采取书面复审或开听证会的方式进行复查。

第十条　书面审查是以查阅原始材料，听取当事人的陈述，核对相关条款规定等方式进行的复查。

第十一条　听证会是按照法律法规规定的程序和方式进行的复查。听证应当按照下列程序进行：

1. 主持人宣布听证会开始，宣布案由。
2. 由做出处分或处理的经办人就有关事实和依据进行陈述。
3. 申诉当事人就事实、理由、证据或依据进行申辩，并可以出示相关证据材料。
4. 经主持人允许，听证参加人可以就有关证据进行质问，也可以向到场的证人发问。
5. 有关当事人作最后陈述。
6. 主持人宣布听证结束。

听证记录员应当将听证的全部活动进行笔录，并由主持人和记录员签名。听证笔录应当由当事人当场签名或者盖章。

第十二条　申诉处理委员会经复查，认为做出的处理或者处分决定事实清楚、依据明确、定性准确、程序正当、处分适当的，予以维持；认为做出处理或者处分的事实、依据、程序等存在不当的，可以作出建议撤销或变更的复查意见，要求相关职能部门予以研究，重新提交院长办公会或者专门会议作出决定。

第十三条　申诉处理委员会应当将院长办公会或专门会议对学生的申诉处理决定书应当直接

送达学生本人，学生拒绝签收的，可以以留置方式送达；已离校的，可以采取邮寄方式送达；难于联系的，可以利用学校网站、新闻媒体等以公告方式送达。

第十四条 申诉处理委员会未作出申诉复查处理意见前，申诉人可以撤回申诉。要求撤回申诉的必须以书面形式提出，申诉处理委员会在收到申诉人的撤回申请后，可以停止对申诉人的审查、处理工作。

第十五条 学生对复查决定有异议的，在接到学院复查决定书之日起 15 日内，可以向学院所在地省级教育行政部门提出书面申诉。

第五章 附　则

第十六条 申诉期间原则上不停止对申诉人的处理或处分决定的执行。学生申诉处理委员会认为必要的，可以建议学校暂缓执行有关决定。

第十七条 本办法自颁发之日起施行，由学生工作部负责解释。

第十八条 川交职院函学〔2016〕101 号文件从新办法颁发之日起废止。

第三部分

学习生活指南

高校学生获得学籍及毕业证书政策告知

一、学生指具有所在学校（含承担研究生培养任务的科研机构）学籍的博士研究生、硕士研究生、本科生、专科（高职）生。

二、按国家招生规定经省级招生办公室办理录取手续，持学校录取通知书入学，经录取学校复查合格的学生取得学籍。

三、自2007年开始，国家实行普通高等学校本专科新生学籍电子注册制度，对取得学籍的学生实行学籍电子注册。注册规则是：教育部将全国录取新生数据分发至学校所在地省级教育行政部门，高校向所在地省级教育行政部门核对本校新生名单后予以注册，省级教育行政部门将注册新生数据报教育部审查备案。

四、普通高等学校和省级教育行政部门分别在各自指定网站公布已注册新生学籍信息，学生可进入网站查询本人学籍注册情况。省、校两级网站中无学生信息者即无学籍，不能获得国家承认的学历证书。

五、国家实行学业证书制度。高校学生修完教学计划规定课程考核合格准予毕业者，获得毕业证书。毕业证书内容由国家规定，种类如下：

博士研究生 毕业证书 研究生　性别　，　年　月　日生，于　年　月至　年　月在　专业学习，学制　年，修完博士研究生培养计划规定的全部课程，成绩合格，毕业论文答辩通过，准予毕业。 　培养单位：　　校（院）长： 　证书编号：　　年　月　日 **博士研究生毕业证书（内容）**	硕士研究生 毕业证书 研究生　性别　，　年　月　日生，于　年　月至　年　月在　专业学习，学制　年，修完硕士研究生培养计划规定的全部课程，成绩合格，毕业论文答辩通过，准予毕业。 　培养单位：　　校（院）长： 　证书编号：　　年　月　日 **硕士研究生毕业证书（内容）**

普通高等学校 毕业证书 　学生　　性别　，　年　月　日生，于　年　月至　年　月在本校　专业　年制　科学习，修完教学计划规定的全部课程，成绩合格，准予毕业。 　　　校　名：　　校（院）长： 　　证书编号：　　　年　月　日 **普通高等学校本、专科毕业证书（内容）**	普通高等学校 毕业证书 　学生　　性别　，　年　月　日生，于　年　月至　年　月在本学院　专业　年制　科学习，修完教学计划规定的全部课程，成绩合格，准予毕业。 　　　校　名：　大学　学院　校（院）长： 　　证书编号：　　　年　月　日 **独立学院毕业证书（内容）**
普通高等学校 毕业证书 　学生　　性别　，　年　月　日生，于　年　月至　年　月在本校　专业专科起点本科学习，修完教学计划规定的全部课程，成绩合格，准予毕业。 　　　校　名：　　校（院）长： 　　证书编号：　　　年　月　日 **普通高等学校"专升本"毕业证书（内容）**	普通高等学校 毕业证书 　学生　　性别　，　年　月　日生，于　年　月至　年　月在本校　专业五年一贯制专科（高职）学习，修完教学计划规定的全部课程，成绩合格，准予毕业。 　　　校　名：　　校（院）长： 　　证书编号：　　　年　月　日 **五年一贯制专科（高职）毕业证书（内容）**
成人高等学校 毕业证书 　学生　　性别　，　年　月　日生，于　年　月至　年　月在本校　专业（脱产）（业余）（函授）学习，修完本（专）科教学计划规定的全部课程，成绩合格，准予毕业。 　　　校　名：　　校（院）长： 　　批准文号： 　　证书编号：　　　年　月　日 **成人高等教育本、专科毕业证书（内容）**	成人高等学校 毕业证书 　学生　　性别　，　年　月　日生，于　年　月至　年　月在本校　专业（脱产）（业余）（函授）学习，修完专科起点本科教学计划规定的全部课程，成绩合格，准予毕业。 　　　校　名：　　校（院）长： 　　批准文号： 　　证书编号：　　　年　月　日 **成人高等教育专科起点本科毕业证书（内容）**

毕业证书	毕业证书
学生　　性别　　，　　年　月　日生，于　年　月至　年　月在本校　　专业网络教育（专、专升本）科学习，修完教学计划规定的全部课程，成绩合格，准予毕业。 　　校　　名：　　校（院）长： 　　证书编号：　　　年　月　日	学生　　性别　　，　　年　月　日生，于　年　月至　年　月在本校　　专业学习，修完第二学士学位教学计划规定的全部课程，成绩合格，准予毕业。 　　校　　名：　　校（院）长： 　　证书编号：　　　年　月　日
网络教育本、专科毕业证书（内容）	**第二学士学位学生毕业证书（内容）**

　　六、国家实行学历证书电子注册制度。高校颁发的毕业证书报所在地省级教育行政部门依据入学时学籍电子注册数据审核注册后，报教育部审核备案并提供网上查询（中国高等教育学生信息网，网址：http://www.chsi.com.cn）。经电子注册的毕业证书国家予以承认和保护，未经电子注册的国家不予承认。

教育部高校学生司

二〇〇七年九月

四川交通职业技术学院
学生选课指南

一、选课前的准备

（一）熟悉本专业的人才培养方案。

（二）认真了解课程开设情况。

（三）检查本人学习进度情况。

（四）咨询学习指导教师，共同制订自己的学习计划。

二、选课时的操作流程

（一）登录系统。

直接打开教务管理系统网页（jw.svtcc.edu.cn）或从教务处主页登录"正方教务管理系统"，进入用户登录界面。输入学号及密码，选择"学生"角色，按"登录"。

（二）网上选课。

网上选课包括选必修课、限选课、任选课。点击"网上选课"→"学生选课"进入选课系统。

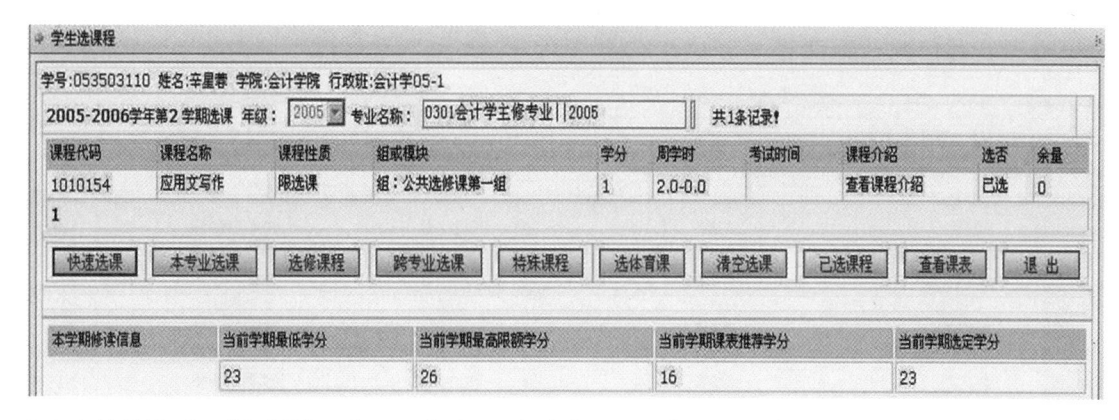

选"必修课"或"限选课"进入"本专业或跨专业选课";选"任选课"进入"全校性选修课";选重修进入"重修或补修选课"。具体操作如下:

1. 本专业或跨专业选课

点击"本专业选课"按钮,系统仅显示本专业的选修课程上课信息,学生根据实际情况选择对应的课程。

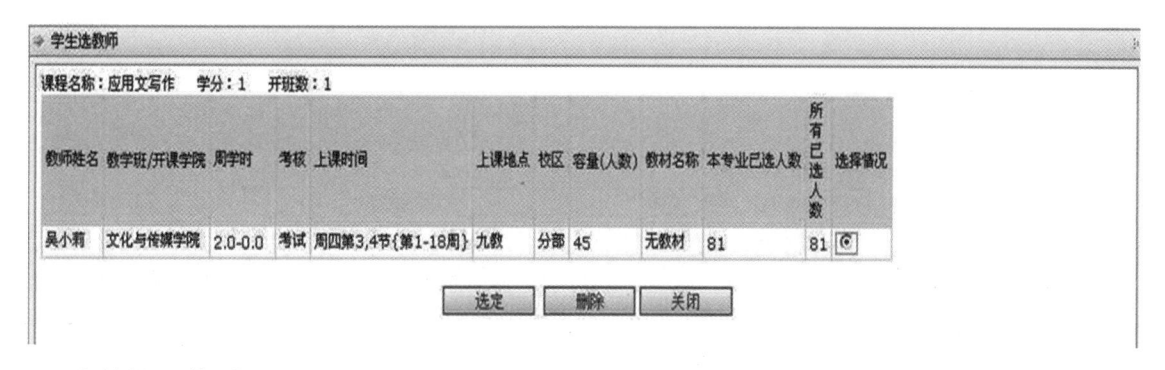

2. 全校性选修课

点击"选修课程"按钮,系统弹出课程选择窗口,显示具体课程及上课时间,选中某一学科按"选定",系统根据选择情况列出该课程该上课时间的所有课程。关闭弹出窗口即可进行下一步选课。

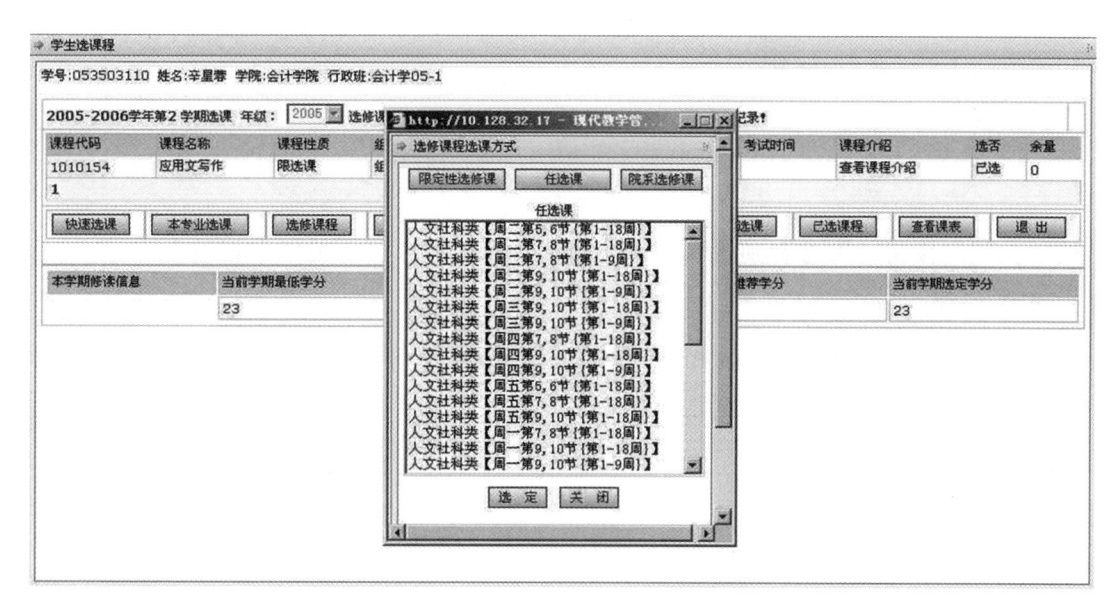

学生根据实际情况选择课程。

点击课程名称，系统弹出该课程上课信息，学生可根据实际情况确定后按"选定"即可，若误选可按"删除"退选。

按"关闭"按钮，即可看到该课程选中状况（在"选否"下显示"已选"）。

3. 重修选课

点击"查询课程"按钮，点击下拉按钮，选择重修课程科目，并点击"我要报名"。各系和教务处根据学生报名情况安排重修课程，学生根据教务处通知查看重修选课结果。

重修多门课程时，重复以上操作步骤。

（三）选课结果及课表查询。

点击"已选课程"可查阅所有已选中课程情况。

按"查看课表"可查阅本学期个人课表，也可先查课表再选课，以免冲突。

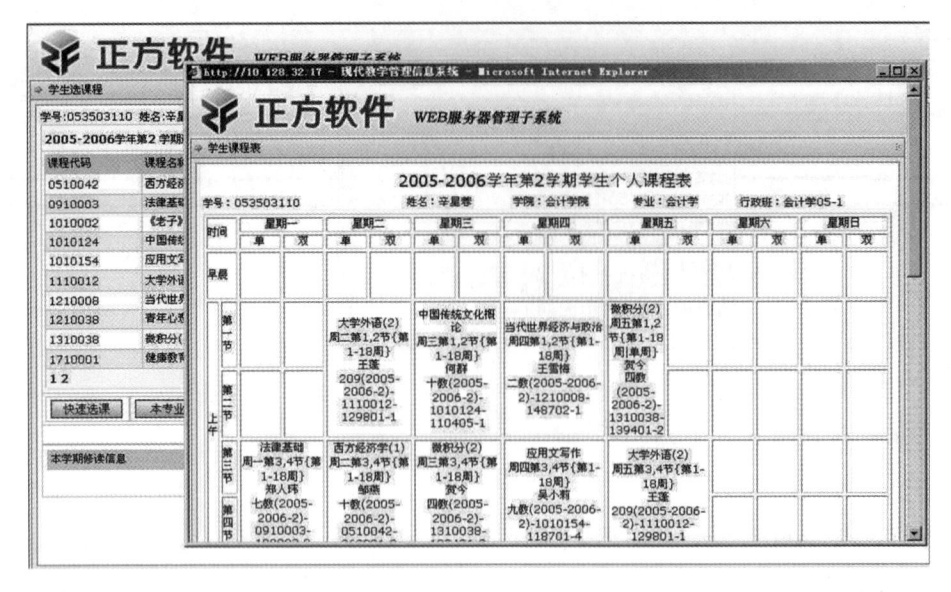

三、注意事项

（一）选课结果一旦确定，原则上不能更改。选上课后，才有参加学习和考试的权利。

（二）可以在任何能上网的地方选课，请各位同学一定要保管好自己的教务网密码，选课后请关闭所有开启的窗口，以防他人进入，造成不良后果。

（三）一定要在规定时间内登录教务网选定所有课程（包括所有必修课、限选课、任选课）。其中，必修课教务处虽统一预选，但须同学们确认。同学们在学校规定的选课时间截止后，还须再次确认自己的最终课表，并按选定的最终课表上课。

（四）每学期选课学分上限为 34 学分，请同学们根据自己的学业情况，合理选课。

（五）网络选修课是由选上的同学在网上自主学习，不会在课表中出现具体上课时间、地点安排，详细情况请在教务网通知栏查看。

（六）重修选课具体要求请参考《四川交通职业技术学院重修课程管理办法》。

四川交通职业技术学院
心理健康咨询指南

一、四川交通职业技术学院心理健康教育中心简介

四川交通职业技术学院心理健康教育中心（以下简称"中心"）始于2004年，初创于2005年，隶属于学生工作部。19年来"中心"紧跟学院发展步伐，抓住2007年学院创"国家示范性高职院校建设"和2019年学院"双高"建设两项机遇，锐意进取、谋求发展。2020年占地100余平方米的新场地建设完成，实现了配套设施设备的专业化和信息化。

"中心"秉承"预防大于治疗，关注学生心理健康，提升学生心理素质"的教育理念，通过构建"学院—学工部—系—班级"四级心理健康教育机构网络，依托教育教学、实践活动、咨询服务、预防干预、平台保障"五位一体"的工作格局，面向全校学生实施心理健康教育，开展心理咨询服务。近年来，更是落实立德树人根本任务，切实把心理健康工作摆在更加突出位置，加强人文关怀和心理疏导，着力培育学生热爱生活、珍视生命、自尊自信、理性平和、乐观向上的心理品质，促进学生思想道德素质、科学文化素质和身心健康素质协调发展。

中心现有专职教师4人，均获得心理学相关专业研究生学位，也是国家二级心理咨询师，具有深厚的专业功底和丰富实践经验。心理辅导站站长10人，均为学工系统老师，专人牵头落实系/宿管中心心理健康教育相关工作。专兼职授课教师23人，组建教学团队1支。

五大心理育人体系介绍：

课堂育人体系。采用线上线下相结合的方式，全覆盖大一学生开设"大学生心理健康"必修课，并将积极心理学理念和方法融入课堂中，提升学生心理素质。

活动育人体系。重点依托"5·25"心理健康宣传月活动平台，打造了院级普识性精品活动1项，建成专业特色心理成长精品实践活动10项，活动深受学生喜爱，有效传播了心理健康理念，促进了学生心理健康素养的提升，培育学生积极心理品质，形成了富有交院特色的校园心理文化。

咨询育人体系。心理中心现有多功能个体心理辅导室5间，面向全院学生提供多样化、经常性的心理咨询服务，帮助学生解决心理问题，助力学生心理成长。其中表达性心理辅导室，通过绘画、音乐等艺术性表达，陪伴学生放松身心、疏解情绪；身心训练室，借助CCBT数字化认知行为治疗仪，以认知行为疗法核心技术和理念，引导学生通过调整"情绪、思维、行为、生理反

应"4项身心反应，解决心理问题，获得心理成长；减压放松室，通过智能减压放松系统，引导学生通过呼吸训练、躯体放松训练等缓解压力；情绪宣泄室内有多种宣泄器材，可供学生宣泄情绪、释放压力；团体沙盘室内有专业团体沙盘和沙具1套，个体沙盘和沙具3套，学生可以参与沙游治疗，疗愈心灵。同时还购置了云平台软件系统，实现了心理健康大数据云端化管理。

危机干预育人体系。依托"学院—相关部门—系—班级—寝室"五级心理危机预防与干预网络，通过新生心理普查、突发心理危机干预、危机月报"三途径"，建立学生心理健康台账，持续重点关注三级潜在危机风险学生，在最小范围影响下，保护学生心理和生命安全。同时，与精神卫生机构建立绿色通道与长期合作，做好心理障碍和心理疾病学生的转介工作，帮助学生得到及时的医疗救治。

网络育人体系。一是，通过新媒体平台，广泛宣传心理健康知识理念，同时收集学生关注和亟需的心理热点，提供及时疏导和服务；二是，对学生心理相关数据，采用数字化管理，用数据体现成长和发展，监控、调整成长过程。

二、心理咨询常见问题与解答

Q1：什么是心理咨询？

A：心理咨询是协助来访者运用自己的资源去解除成长的烦恼，充分发挥个人的潜能，是一个助人自助的过程。

Q2：心理咨询范围及对象？

A：四川交院心理咨询的范围包括：

1. 发展性心理咨询：新生适应、自我认知、学习问题、人际关系问题、恋爱与性心理问题、生涯规划等；

2. 支持性心理辅导：心理创伤，神经衰弱，焦虑症、抑郁症、强迫症等精神类障碍。

A：咨询对象：四川交院全体在校学生，寒暑假、外出实习、休学等学生不在此列。

Q3：来访者具有哪些权利与义务？

A：权利

1. 要求对咨询的内容和个人信息保密；

2. 要求了解咨询师的资质；

3. 要求更换咨询师，或转介与中断咨询；

4. 对咨询的方案、时间等有知情权和选择权。

A：义务

1. 遵守心理健康中心的相关制度；

2. 遵守或执行商定好的心理咨询方案、咨询时间等；

3. 尊重咨询师，按照预约时间咨询，不无故未到或迟到，如有特殊情况需提前告知。

Q4：心理咨询大致上是怎样的一个过程？

A：1. 建立相互信赖、平等的关系；

2. 搜集与心理问题相关的信息，包括：心理问题的表现、影响、发生与发展过程等，心理问题成因相关的家庭情况、个人成长经历、文化背景等；

3. 商量确定具体的咨询目标；

4. 制定咨询方案；

5. 追踪反馈，巩固和发展咨询成效。

三、心理咨询具体流程

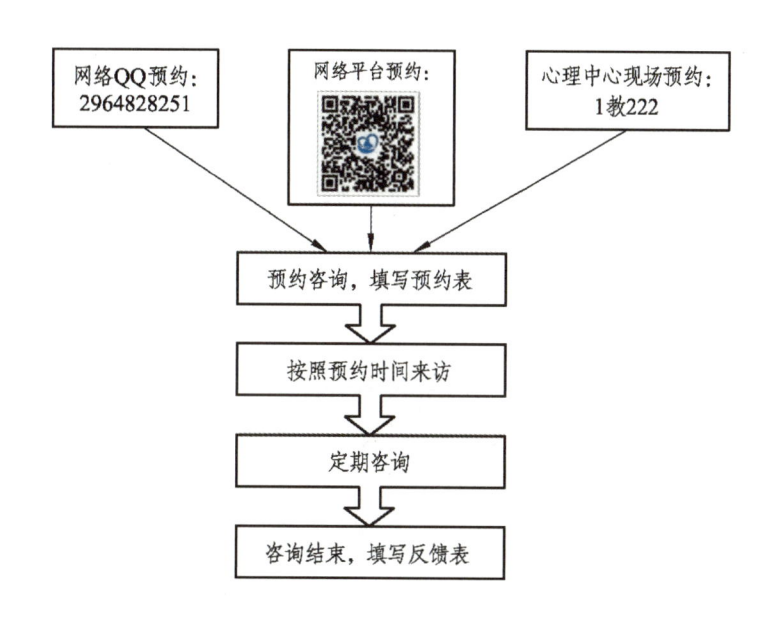

```
网络QQ预约：        网络平台预约：      心理中心现场预约：
2964828251          [二维码]            1教222
         ↓              ↓                    ↓
              ┌─────────────────────┐
              │ 预约咨询，填写预约表 │
              └─────────────────────┘
                        ↓
              ┌─────────────────────┐
              │   按照预约时间来访   │
              └─────────────────────┘
                        ↓
              ┌─────────────────────┐
              │      定期咨询       │
              └─────────────────────┘
                        ↓
              ┌─────────────────────┐
              │ 咨询结束，填写反馈表 │
              └─────────────────────┘
```

校内心理中心地址：劝学楼 1215、1217、1219、1221、1222。

附 件　就医资源介绍

附 件

就医资源介绍

1. 成都市第四人民医院

院址信息
- 营门口院区：成都市金牛区营门口路互利西一巷 8 号（有急诊）
  028-87522430（8:00-17:30）
- 双流-九江院区/成都市心理健康中心：成都市双流区草金路 105 号（不设急诊）
  028-85641749（8:30-12:00 13:00-17:00）

预约程序：关注公众号"成都市第四人民医院"→我的→申请健康卡→预约挂号→选择院区

2. 四川大学华西心理卫生中心

院址信息：四川省成都市电信南街 28 号（不设急诊）
028-85534112（8:30--12:00 12:30--17:00）

预约程序：关注公众号"四川大学华西医院"→绑定就诊卡→按提示查阅和预约挂号

3. 四川省人民医院心身科、四川省精神医学中心

院址信息：
- 四川省人民医院：四川省成都市青羊区一环路西二段 32 号（有急诊）
  028-87393999（8:00-12:00 14:00-17:30）
- 四川省精神医学中心：四川省成都市温江区芙蓉大道二段 33 号（不设急诊）
  028-81020000（8:30-12:00 13:30-17:00）

预约程序：关注公众号→预约挂号→选择科室→选择医生→预约

四川交通职业技术学院
学生体质健康标准（试行方案）（摘要）

一、为了贯彻《中共中央 国务院关于深化教育改革全面推进素质教育的决定》提出的"学校教育要树立健康第一的指导思想，切实加强体育工作"的精神，促进学生积极参加体育锻炼，养成经常锻炼身体的习惯，提高自我保健能力和体质健康水平，特制订《学生体质健康标准（试行方案）》（以下简称《标准》）。

二、《标准》适用于全日制小学、初级中学、普通高中、中等职业学校和普通高等学校的在校学生。

三、《标准》的测试项目（摘要）。

初中及以上各年级（含大学）测试项目为六项，其中身高、体重、肺活量为必测项目。选测项目为三项：从50米跑、立定跳远中选测一项；男生从台阶试验、1 000米跑中选测一项，女生从台阶试验、800米跑中选测一项；男生从坐位体前屈、握力中选测一项，女生从坐位体前屈、仰卧起坐和握力中选测一项。

四、等级评定与登记。

各个测试项目的得分之和为《标准》的最后得分，根据最后得分评定等级：86分以上为优秀，76~85分为良好，60~75分为及格，59分及以下为不及格。每学年评定一次成绩并记入《学生体质健康标准登记卡片》，小学按照组别两年评定一次，其他年级每学年评定一次。学生毕业年级的等级评定，按毕业当年的成绩和其他学年平均成绩（各占50%）之和评定。

四川交通职业技术学院
校园招聘活动管理办法（节选）

第一章 总则

第一条 为进一步加强校园招聘活动管理，维护学校、用人单位和毕业生的合法权益，提升校园招聘管理服务水平，为招聘单位和毕业生搭建优质高效的双向选择平台，根据教育部、教育厅有关规定，结合学校实际，特制定本办法。

第二条 本办法所称校园招聘活动包括由招生就业处或各系主办的、线上或线下开展的、主要面向我校学生的以招聘毕业生就业为主要目的的各类招聘活动。

第三条 校园招聘活动的宗旨是服务国家战略、社会经济发展需要和学生职业发展的需要，坚持公平公开、双向选择、务实高效的原则，促进毕业生充分高质量就业。

第二章 组织机构与职责

第四条 招生就业处是学校毕业生就业主管部门，各系是就业工作的实施主体。招生就业处和各系是学校招聘活动的主办方。根据主办方的需求，党委行政办公室、宣传统战部、保卫处和后勤（基建）处等相关部门应对招聘活动予以指导和配合。

第五条 智慧就业系统（https://jyxx.svtcc.edu.cn/）是学院就业管理平台，招聘活动信息发布、开展场次、进校企业数量、提供岗位数、选聘毕业生人数等招聘活动相关数据，均以智慧就业系统统计为准。

第七条 招聘活动主办方应精心组织，保障学生权益和现场安全，全程做好企业服务和学生指导工作，提升招聘成效。

（一）招聘活动所使用的桁架、横幅等宣传广告须报宣传统战部审批。

（二）室内举办的招聘活动的，参加人数不得超过该场地的设计容量并保持所有疏散通道开放。招聘活动需占用道路、广场的，须经保卫处审批。

（三）招聘活动信息应通过智慧就业系统及其他方式向学生公布。原则上招聘活动信息应向全校学生公布。

（四）招聘活动举办前，应做好充分准备工作，结合来校招聘单位特点提前做好针对性就业指导。

（五）招聘活动全程应安排专人为企业提供一对一接待服务。

（六）招聘活动应确保用人单位自由、自主选人，如需向用人单位特别推荐学生，需经招聘活动主办方负责人同意。

（七）招聘单位较多、岗位类别和岗位数量较多的招聘活动，现场应设置职业生涯咨询点，安排职业发展导师、专业教师或辅导员为学生提供职业生涯咨询和就业指导服务。现场应提供打印机、模拟面试间。

（八）招聘活动结束后，应对招聘活动的组织工作进行总结，并指定专人持续对接招聘单位，做好后续签约服务工作。

第四章 毕业生参加招聘活动管理

第十二条 毕业生应积极参加校园招聘活动，服从现场工作人员的安排，尊重用人单位的招聘人员，礼貌待人，自觉维护现场秩序。

第十三条 毕业生在择业过程中应遵循平等自愿、诚实守信的原则，不得有弄虚作假行为，不得采取不正当手段干扰、诋毁其他毕业生应聘。

第十四条 对招聘活动中的异常行为，应及时向招聘活动主办方反映。

第五章 责任追究

第十七条 毕业生在招聘活动中如有弄虚作假、扰乱秩序等违纪违规行为，学校有关部门和相关系应及时批评教育，责令改正。情节严重的，按学校学生管理相关规定或相关法律法规进行处理。

第六章 附 则

第十八条 本办法由招生就业处负责解释。

四川交通职业技术学院
大学生基本医疗保险报销须知

大学生基本医疗保险是为保障在校大学生的基本医疗需求而设立的一项社会保险制度。大学生医疗保险主要包括基本医疗保险、城乡大病保险、大病医疗互助补充保险和重特大疾病保险。报销申请人必须为已参加大学生基本医疗保险的在校大学生（以下简称"参保人"）。

门诊医疗报销

学院卫生所经成都市温江区医保局确定，是参保人的门诊首诊医疗机构，参保人应优先到卫生所就医。

一、报销待遇

（一）普通门诊

在卫生所或卫生所开具转诊单的医保定点医疗机构发生的符合基本医疗保险报销范围的门诊医疗费，符合大学生医保门诊统筹的按门诊统筹系统审核比例报销，一个保险有效期内最高支付500元。

（二）外伤门诊

在卫生所或卫生所开具转诊单的医保定点医疗机构因外伤发生的符合基本医疗保险报销范围的门诊医疗费，50元以上部分，符合大学生医保门诊统筹的按门诊统筹系统审核比例报销，一个保险有效期内最高不超过800元。

（三）门诊特殊疾病

门诊特殊疾病不在校报销，请在治疗医院凭社会保障卡或电子医保凭证直接联网结算。

二、报销要求

在卫生所开具转诊单的医保定点医疗机构产生的医疗费用，符合大学生医保门诊统筹的报销所需材料如下：

（1）四川交通职业技术学院卫生所转诊申请单（当次转诊只限当次外出就诊）。

（2）就诊医院门诊病历（就诊时请医生打印），门诊发票，诊疗项目费用清单（就诊时在挂号收费处或自行打印），相关检查的检查单、检验报告单等。

（3）本人身份证复印件。

（4）本人工商银行卡复印件（双面）。

三、报销时间

就诊结束后 90 天内。

四、注意事项

（1）参保人寒暑假及实习期产生的成都市外的门诊费用，报销时须提供所在系部开具的寒暑假或实习期间在公立医保定点医疗机构就诊的证明（须加盖系部公章），连同报销要求中所需材料一起交卫生所医保办公室，经医保系统认定报销金额后，学院财务处将最终审核报销金额返至参保人工商银行卡。

（2）参保人在校期间只报销在成都市内公立医保定点医疗机构产生的符合大学生医保门诊统筹的报销费用。

（3）发票原件是报销的基本凭证，遗失或使用复印件均不能报销。没有诊疗项目费用清单也不能报销。

住院医疗报销

一、报销待遇

（一）成都市内住院

参保人凭社会保障卡或电子医保凭证在成都市内医保定点医疗机构办理住院。

（二）成都市外住院（异地就医）

参保人凭社会保障卡或电子医保凭证在成都市外医保定点医疗机构办理住院。

二、报销要求

（一）成都市范围

参保人办理出院时，符合医保报销规定的医疗费用由医保定点医疗机构直接结算报销。

（二）成都市范围外住院（异地就医）

参保人在异地就医前，须在温江医保局或关注"温江医保"微信公众号办理异地就医备案登记，备案登记情况仅当次就医报销有效。

1. 异地就医免备案地区

参保人在西南片区（云南、贵州、重庆、西藏、四川）和南京市、广州市异地医保定点医疗机构住院，凭社会保障卡或电子医保凭证直接联网结算。

2. 需办理备案的地区

参保人在异地就医已办理异地就医备案登记的，在就医地已开通了异地联网结算的医保定点医疗机构住院，凭社会保障卡或电子医保凭证办理结算报销。

3. 特殊情况

因各种原因不能在医保定点医疗机构凭社会保障卡或电子医保凭证住院的，参保人先全额垫付医疗费用。自出院日起3个月内持相关材料到温江区医保局经办点办理报销，特殊情况可交卫生所代为办理报销。全额垫付住院报销所需材料如下：

（1）就诊医院住院费用清单（原件加盖医院公章），住院费用结算票据（原件加盖医院公章），结算票据的第一联（社保报销联），电子发票需打印纸质版，出院证明（原件加盖医院公章）。

（2）本人身份证复印件。

（3）本人银行卡复印件（双面）。须注明本人姓名、身份证号码，开户银行支行名称。农村信用社银行卡医保局不能办理报销，请选择其他银行。

参保人因外伤住院的还需提供下列材料：

（1）住院病案复印件（须含入院记录，均需加盖医院公章）。

（2）《外伤承诺书》（在学院卫生所或温江区医保局经办点领取）。

四川交通职业技术学院
学生商业医疗保险理赔须知

学生本人出险后 24 小时内必须向保险公司和辅导员报案（保险公司报案电话见保单）。学生理赔时只需将理赔所需材料在工作日内交到学生工作部（劝学楼 221 办公室）即可。

学生理赔时须备齐以下材料：

一、疾病住院

1. 住院结算收据（原件）。
2. 住院每日病历（包括病历首页、医嘱单、体温单，以上均为复印件，须盖章）。
3. 住院药品清单（原件）。
4. 出院证明（原件）。
5. 学生证、身份证（复印件）。
6. 意外伤害证明（意外伤害住院，针对事故性质的证明由有关部门提供）。

注：凡转院治疗者需提供转院证明。

二、意外伤害门诊

1. 门诊发票（原件）。
2. 门诊病历、处方签、费用明细清单（原件）。
3. 门诊检查报告单（原件）。
4. 学生证、身份证（复印件）。
5. 意外伤害证明（学院协助出示）。

三、身故赔付

1. 被保险人的身份证或户籍证明（复印件）。
2. 公安部、医疗机构出具的死亡证明。
3. 被保险人户籍注销证明。
4. 火化证明。
5. 受益人户籍证明及身份证复印件。
6. 被保险人所提供的与确认保险事故的性质、原因、伤害程度等证明和资料。

四、残疾赔付

1. 被保险人的户籍证明或身份证复印件。
2. 有关部门出具的意外伤害事故证明。
3. 保险人指定的医院出具的残病程序鉴定书。
4. 被保险人所提供的与确认保险事故的性质、原因、伤害程度有关的其他证明和资料。

四川交通职业技术学院
图书馆管理办法（修订版）

第一章　总则

第一条　为促进学院图书馆的建设和发展，指导和规范图书馆工作。根据教育部《普通高等学校图书馆规程》，结合学院实际，制定本办法。

第三章　读者入馆须知

第二条　读者通过人脸识别经闸机通道入馆。来访人员需在服务台登记，经工作人员许可后方能入馆。

第三条　读者通过人脸识别或凭工号、学号使用自主借还书机借还图书。本馆暂不向校外读者借书。

第四条　教师可借阅 20 册；学生可借 5 册。教师的借阅期限为 6 个月；学生的借阅期限为 2 个月，可续借一次。若有超期（寒暑假顺延），每册每天需付迟归费 0.05 元。

第五条　馆内实行开架阅览。读者可通过手机 APP 或查询机查询图书，馆内临时查阅后请及时归还原位。

第六条　馆内言谈举止文明大方，衣冠整洁；穿背心、拖鞋、携带宠物者谢绝入馆。

第七条　入馆后请保持安静，勿大声喧哗，并将手机或电脑设备调至静音，接打电话请到室外。

第八条　请保持馆内清洁卫生，不乱扔纸屑，不乱堆乱放，不得将食物带入馆内。

第九条　爱护馆内设施、设备及书刊文献，严禁随意涂抹刻画及毁坏，对违者按有关赔偿办法处理。

第十条　图书馆是重点防火部门，严禁在馆内任何地方吸烟、用火。

第十一条　离馆时，请认真清点并及时带走个人物品，未带走的我馆将进行统一清理、集中堆放。

第十二条　出馆时请自觉通过安检门离馆。

第十三条　请自觉遵守图书馆各项规章制度，听从工作人员指挥，遇有紧急事件发生时，请依照工作人员的指引避难或疏散。

第二章　读者借阅书刊污损、遗失及偷窃的处理规定

第十四条　污损书刊的赔偿

（一）读者在书刊上涂抹或勾划、裁剪及污损书刊报纸，每损坏一页（张）赔款 0.5 元。

（二）读者撕毁书刊，应视情节轻重予以赔偿。若损坏程度较轻，不影响内容完整，按书刊原价的 50%赔偿；如损坏严重，需加工整修才能继续流通的，按书刊原价赔偿。

第十五条　遗失书刊的赔偿

（一）读者遗失书刊需在应还日期之前以原版书刊或新版、修订本赔偿。否则，根据书刊出版年限、馆藏情况按下列规定赔偿。

1. 近 5 年内出版的精平装图书，按原价 3～5 倍赔偿。

2. 6 年以上（含 6 年）出版的精平装图书，按原价 5～20 倍赔偿。

3. 多卷书须买原书赔偿，否则按整套书价赔偿，特殊的多卷本根据书的价值交馆领导研究处理。

4. 中外文期刊按原价 5～20 倍赔偿。

5. 1985 年以前购进的书刊，根据图书的价值及馆藏数量，在原赔偿的倍数上加 3～50 倍赔偿。

（二）遗失书刊赔偿后，一个月内能将原书归还，可退回原赔书款。一个月之后不再办理退款手续。

第十六条　偷窃书刊的处理

（一）凡未经图书馆同意或未办理借阅手续，擅自将书刊带出者，除追回书刊外，视情节轻重，停借期为 1 月至 1 年。

（二）有上述行为者须作思想检讨，给予停止借阅书刊处理。对情节严重者，上报学院进行纪律处分。

第四章　附　则

第十七条　本办法由图书馆负责解释。

四川交通职业技术学院
部门办公地点及电话

地点		部门	电话	地点		部门	电话
明德楼	三楼	继续教育学院	028-82680063	博学馆一段		图书馆	028-82682273
	四楼	创新创业学院		博学馆三段		信息工程系	028-82680518
	六楼	保卫处	028-82680049	劝学楼	一楼	公共课教学部	028-82680800
	六楼	后勤处	028-82680561	劝学楼	一楼	马克思主义学院	028-82690106
	七楼	招生就业处	028-82680050	笃学楼	五楼	道路与桥梁工程系	028-82682619
	七楼	计划财务处	028-82680699	笃学楼	六楼	建筑工程系	028-67207848
	八楼	教务处	028-82686773	思行楼	三楼	交通运输与经济管理系	028-68267961
	八楼	学生工作部	028-82680698	思行楼	五楼	人文艺术系	028-82680918
	九楼	科技中心	028-82680060	践行楼	三楼	机电工程系	028-82685756
	九楼	信息中心	028-82680089	践行楼	三楼	汽车工程系	028-82680759
	十楼	工会办公室	028-82680560	践行楼	五楼	轨道工程系	028-82682692
	十楼	国际学院	028-82680121	践行楼	五楼	航运工程系	028-82682623
	十楼	宣传统战部	028-82680895				
	十一楼	组织人事处	028-82682962				
	十一楼	纪委办公室	028-82680056				
	十二楼	党委行政办公室	028-82680064				

第四部分

国家相关文件

普通高等学校学生管理规定

（中华人民共和国教育部令第 41 号）

第一章 总 则

第一条 为规范普通高等学校学生管理行为，维护普通高等学校正常的教育教学秩序和生活秩序，保障学生合法权益，培养德、智、体、美等方面全面发展的社会主义建设者和接班人，依据教育法、高等教育法以及有关法律、法规，制定本规定。

第二条 本规定适用于普通高等学校、承担研究生教育任务的科学研究机构（以下称学校）对接受普通高等学历教育的研究生和本科、专科（高职）学生（以下称学生）的管理。

第三条 学校要坚持社会主义办学方向，坚持马克思主义的指导地位，全面贯彻国家教育方针；要坚持以立德树人为根本，以理想信念教育为核心，培育和践行社会主义核心价值观，弘扬中华优秀传统文化和革命文化、社会主义先进文化，培养学生的社会责任感、创新精神和实践能力；要坚持依法治校，科学管理，健全和完善管理制度，规范管理行为，将管理与育人相结合，不断提高管理和服务水平。

第四条 学生应当拥护中国共产党领导，努力学习马克思列宁主义、毛泽东思想、中国特色社会主义理论体系，深入学习习近平总书记系列重要讲话精神和治国理政新理念新思想新战略，坚定中国特色社会主义道路自信、理论自信、制度自信、文化自信，树立中国特色社会主义共同理想；应当树立爱国主义思想，具有团结统一、爱好和平、勤劳勇敢、自强不息的精神；应当增强法治观念，遵守宪法、法律、法规，遵守公民道德规范，遵守学校管理制度，具有良好的道德品质和行为习惯；应当刻苦学习，勇于探索，积极实践，努力掌握现代科学文化知识和专业技能；应当积极锻炼身体，增进身心健康，提高个人修养，培养审美情趣。

第五条 实施学生管理，应当尊重和保护学生的合法权利，教育和引导学生承担应尽的义务与责任，鼓励和支持学生实行自我管理、自我服务、自我教育、自我监督。

第二章　学生的权利与义务

第六条　学生在校期间依法享有下列权利：

（一）参加学校教育教学计划安排的各项活动，使用学校提供的教育教学资源。

（二）参加社会实践、志愿服务、勤工助学、文娱体育及科技文化创新等活动，获得就业创业指导和服务。

（三）申请奖学金、助学金及助学贷款。

（四）在思想品德、学业成绩等方面获得科学、公正评价，完成学校规定学业后获得相应的学历证书、学位证书。

（五）在校内组织、参加学生团体，以适当方式参与学校管理，对学校与学生权益相关事务享有知情权、参与权、表达权和监督权。

（六）对学校给予的处理或者处分有异议，向学校、教育行政部门提出申诉，对学校、教职员工侵犯其人身权、财产权等合法权益的行为，提出申诉或者依法提起诉讼。

（七）法律、法规及学校章程规定的其他权利。

第七条　学生在校期间依法履行下列义务：

（一）遵守宪法和法律、法规。

（二）遵守学校章程和规章制度。

（三）恪守学术道德，完成规定学业。

（四）按规定缴纳学费及有关费用，履行获得贷学金及助学金的相应义务。

（五）遵守学生行为规范，尊敬师长，养成良好的思想品德和行为习惯。

（六）法律、法规及学校章程规定的其他义务。

第三章　学籍管理

第一节　入学与注册

第八条　按国家招生规定录取的新生，持录取通知书，按学校有关要求和规定的期限到校办理入学手续。因故不能按期入学的，应当向学校请假。未请假或者请假逾期的，除因不可抗力等正当事由以外，视为放弃入学资格。

第九条　学校应当在报到时对新生入学资格进行初步审查，审查合格的办理入学手续，予以注册学籍；审查发现新生的录取通知、考生信息等证明材料，与本人实际情况不符，或者有其他违反国家招生考试规定情形的，取消入学资格。

第十条　新生可以申请保留入学资格。保留入学资格期间不具有学籍。保留入学资格的条件、期限等由学校规定。

新生保留入学资格期满前应向学校申请入学，经学校审查合格后，办理入学手续。审查不合格的，取消入学资格；逾期不办理入学手续且未有因不可抗力延迟等正当理由的，视为放弃入学资格。

第十一条 学生入学后，学校应当在3个月内按照国家招生规定进行复查。复查内容主要包括以下方面：

（一）录取手续及程序等是否合乎国家招生规定。

（二）所获得的录取资格是否真实、合乎相关规定。

（三）本人及身份证明与录取通知、考生档案等是否一致。

（四）身心健康状况是否符合报考专业或者专业类别体检要求，能否保证在校正常学习、生活。

（五）艺术、体育等特殊类型录取学生的专业水平是否符合录取要求。

复查中发现学生存在弄虚作假、徇私舞弊等情形的，确定为复查不合格，应当取消学籍；情节严重的，学校应当移交有关部门调查处理。

复查中发现学生身心状况不适宜在校学习，经学校指定的二级甲等以上医院诊断，需要在家休养的，可以按照第十条的规定保留入学资格。

复查的程序和办法，由学校规定。

第十二条 每学期开学时，学生应当按学校规定办理注册手续。不能如期注册的，应当履行暂缓注册手续。未按学校规定缴纳学费或者有其他不符合注册条件的，不予注册。

家庭经济困难的学生可以申请助学贷款或者其他形式资助，办理有关手续后注册。

学校应当按照国家有关规定为家庭经济困难学生提供教育救助，完善学生资助体系，保证学生不因家庭经济困难而放弃学业。

第二节 考核与成绩记载

第十三条 学生应当参加学校教育教学计划规定的课程和各种教育教学环节（以下统称课程）的考核，考核成绩记入成绩册，并归入学籍档案。

考核分为考试和考查两种。考核和成绩评定方式，以及考核不合格的课程是否重修或者补考，由学校规定。

第十四条 学生思想品德的考核、鉴定，以本规定第四条为主要依据，采取个人小结、师生民主评议等形式进行。

学生体育成绩评定要突出过程管理，可以根据考勤、课内教学、课外锻炼活动和体质健康等情况综合评定。

第十五条 学生每学期或者每学年所修课程或者应修学分数以及升级、跳级、留级、降级等要求，由学校规定。

第十六条 学生根据学校有关规定，可以申请辅修校内其他专业或者选修其他专业课程；可以申请跨校辅修专业或者修读课程，参加学校认可的开放式网络课程学习。学生修读的课程成绩（学分），学校审核同意后，予以承认。

第十七条 学生参加创新创业、社会实践等活动以及发表论文、获得专利授权等与专业学习、学业要求相关的经历、成果，可以折算为学分，计入学业成绩。具体办法由学校规定。

学校应当鼓励、支持和指导学生参加社会实践、创新创业活动，可以建立创新创业档案、设置创新创业学分。

第十八条　学校应当健全学生学业成绩和学籍档案管理制度，真实、完整地记载、出具学生学业成绩，对通过补考、重修获得的成绩，应当予以标注。

学生严重违反考核纪律或者作弊的，该课程考核成绩记为无效，并应视其违纪或者作弊情节，给予相应的纪律处分。给予警告、严重警告、记过及留校察看处分的，经教育表现较好，可以对该课程给予补考或者重修机会。

学生因退学等情况中止学业，其在校学习期间所修课程及已获得学分，应当予以记录。学生重新参加入学考试、符合录取条件，再次入学的，其已获得学分，经录取学校认定，可以予以承认。具体办法由学校规定。

第十九条　学生应当按时参加教育教学计划规定的活动。不能按时参加的，应当事先请假并获得批准。无故缺席的，根据学校有关规定给予批评教育，情节严重的，给予相应的纪律处分。

第二十条　学校应当开展学生诚信教育，以适当方式记录学生学业、学术、品行等方面的诚信信息，建立对失信行为的约束和惩戒机制；对有严重失信行为的，可以规定给予相应的纪律处分，对违背学术诚信的，可以对其获得学位及学术称号、荣誉等作出限制。

第三节　转专业与转学

第二十一条　学生在学习期间对其他专业有兴趣和专长的，可以申请转专业；以特殊招生形式录取的学生，国家有相关规定或者录取前与学校有明确约定的，不得转专业。

学校应当制定学生转专业的具体办法，建立公平、公正的标准和程序，健全公示制度。学校根据社会对人才需求情况的发展变化，需要适当调整专业的，应当允许在读学生转到其他相关专业就读。

休学创业或退役后复学的学生，因自身情况需要转专业的，学校应当优先考虑。

第二十二条　学生一般应当在被录取学校完成学业。因患病或者有特殊困难、特别需要，无法继续在本校学习或者不适应本校学习要求的，可以申请转学。有下列情形之一，不得转学：

（一）入学未满一学期或者毕业前一年的。

（二）高考成绩低于拟转入学校相关专业同一生源地相应年份录取成绩的。

（三）由低学历层次转为高学历层次的。

（四）以定向就业招生录取的。

（五）研究生拟转入学校、专业的录取控制标准高于其所在学校、专业的。

（六）无正当转学理由的。

学生因学校培养条件改变等非本人原因需要转学的，学校应当出具证明，由所在地省级教育行政部门协调转学到同层次学校。

第二十三条　学生转学由学生本人提出申请，说明理由，经所在学校和拟转入学校同意，由转入学校负责审核转学条件及相关证明，认为符合本校培养要求且学校有培养能力的，经学校校长办公会或者专题会议研究决定，可以转入。研究生转学还应当经拟转入专业导师同意。

跨省转学的，由转出地省级教育行政部门商转入地省级教育行政部门，按转学条件确认后办理转学手续。须转户口的由转入地省级教育行政部门将有关文件抄送转入学校所在地的公安机关。

第二十四条　学校应当按照国家有关规定，建立健全学生转学的具体办法；对转学情况应当及时进行公示，并在转学完成后3个月内，由转入学校报所在地省级教育行政部门备案。

省级教育行政部门应当加强对区域内学校转学行为的监督和管理，及时纠正违规转学行为。

第四节　休学与复学

第二十五条　学生可以分阶段完成学业，除另有规定外，应当在学校规定的最长学习年限（含休学和保留学籍）内完成学业。

学生申请休学或者学校认为应当休学的，经学校批准，可以休学。休学次数和期限由学校规定。

第二十六条　学校可以根据情况建立并实行灵活的学习制度。对休学创业的学生，可以单独规定最长学习年限，并简化休学批准程序。

第二十七条　新生和在校学生应征参加中国人民解放军（含中国人民武装警察部队），学校应当保留其入学资格或者学籍至退役后2年。

学生参加学校组织的跨校联合培养项目，在联合培养学校学习期间，学校同时为其保留学籍。

学生保留学籍期间，与其实际所在的部队、学校等组织建立管理关系。

第二十八条　休学学生应当办理手续离校。学生休学期间，学校应为其保留学籍，但不享受在校学习学生待遇。因病休学学生的医疗费按国家及当地的有关规定处理。

第二十九条　学生休学期满前应当在学校规定的期限内提出复学申请，经学校复查合格，方可复学。

第五节　退　学

第三十条　学生有下列情形之一，学校可予退学处理：

（一）学业成绩未达到学校要求或者在学校规定的学习年限内未完成学业的。

（二）休学、保留学籍期满，在学校规定期限内未提出复学申请或者申请复学经复查不合格的。

（三）根据学校指定医院诊断，患有疾病或者意外伤残不能继续在校学习的。

（四）未经批准连续两周未参加学校规定的教学活动的。

（五）超过学校规定期限未注册而又未履行暂缓注册手续的。

（六）学校规定的不能完成学业、应予退学的其他情形。

学生本人申请退学的，经学校审核同意后，办理退学手续。

第三十一条　退学学生，应当按学校规定期限办理退学手续离校。退学的研究生，按已有毕业学历和就业政策可以就业的，由学校报所在地省级毕业生就业部门办理相关手续；在学校规定期限内没有聘用单位的，应当办理退学手续离校。

退学学生的档案由学校退回其家庭所在地，户口应当按照国家相关规定迁回原户籍地或者家庭户籍所在地。

第六节　毕业与结业

第三十二条　学生在学校规定学习年限内，修完教育教学计划规定内容，成绩合格，达到学校毕业要求的，学校应当准予毕业，并在学生离校前发给毕业证书。

符合学位授予条件的，学位授予单位应当颁发学位证书。

学生提前完成教育教学计划规定内容，获得毕业所要求的学分，可以申请提前毕业。学生提前毕业的条件，由学校规定。

第三十三条　学生在学校规定学习年限内，修完教育教学计划规定内容，但未达到学校毕业要求的，学校可以准予结业，发给结业证书。

结业后是否可以补考、重修或者补作毕业设计、论文、答辩，以及是否颁发毕业证书、学位证书，由学校规定。合格后颁发的毕业证书、学位证书，毕业时间、获得学位时间按发证日期填写。

对退学学生，学校应当发给肄业证书或者写实性学习证明。

第七节　学业证书管理

第三十四条　学校应当严格按照招生时确定的办学类型和学习形式，以及学生招生录取时填报的个人信息，填写、颁发学历证书、学位证书及其他学业证书。

学生在校期间变更姓名、出生日期等证书需填写的个人信息的，应当有合理、充分的理由，并提供有法定效力的相应证明文件。学校进行审查，需要学生生源地省级教育行政部门及有关部门协助核查的，有关部门应当予以配合。

第三十五条　学校应当执行高等教育学籍学历电子注册管理制度，完善学籍学历信息管理办法，按相关规定及时完成学生学籍学历电子注册。

第三十六条　对完成本专业学业同时辅修其他专业并达到该专业辅修要求的学生，由学校发给辅修专业证书。

第三十七条　对违反国家招生规定取得入学资格或者学籍的，学校应当取消其学籍，不得发给学历证书、学位证书；已发的学历证书、学位证书，学校应当依法予以撤销。对以作弊、剽窃、抄袭等学术不端行为或者其他不正当手段获得学历证书、学位证书的，学校应当依法予以撤销。

被撤销的学历证书、学位证书已注册的，学校应当予以注销并报教育行政部门宣布无效。

第三十八条　学历证书和学位证书遗失或者损坏，经本人申请，学校核实后应当出具相应的证明书。证明书与原证书具有同等效力。

第四章　校园秩序与课外活动

第三十九条　学校、学生应当共同维护校园正常秩序，保障学校环境安全、稳定，保障学生的正常学习和生活。

第四十条　学校应当建立和完善学生参与管理的组织形式，支持和保障学生依法、依章程参与学校管理。

第四十一条　学生应当自觉遵守公民道德规范，自觉遵守学校管理制度，创造和维护文明、整洁、优美、安全的学习和生活环境，树立安全风险防范和自我保护意识，保障自身合法权益。

第四十二条　学生不得有酗酒、打架斗殴、赌博、吸毒，传播、复制、贩卖非法书刊和音像制品等违法行为；不得参与非法传销和进行邪教、封建迷信活动；不得从事或者参与有损大学生形象、有悖社会公序良俗的活动。

学校发现学生在校内有违法行为或者严重精神疾病可能对他人造成伤害的，可以依法采取或者协助有关部门采取必要措施。

第四十三条　学校应当坚持教育与宗教相分离原则。任何组织和个人不得在学校进行宗教活动。

第四十四条　学校应当建立健全学生代表大会制度，为学生会、研究生会等开展活动提供必要条件，支持其在学生管理中发挥作用。

学生可以在校内成立、参加学生团体。学生成立团体，应当按学校有关规定提出书面申请，报学校批准并施行登记和年检制度。

学生团体应当在宪法、法律、法规和学校管理制度范围内活动，接受学校的领导和管理。学生团体邀请校外组织、人员到校举办讲座等活动，需经学校批准。

第四十五条　学校提倡并支持学生及学生团体开展有益于身心健康、成长成才的学术、科技、艺术、文娱、体育等活动。

学生进行课外活动不得影响学校正常的教育教学秩序和生活秩序。

学生参加勤工助学活动应当遵守法律、法规以及学校、用工单位的管理制度，履行勤工助学活动的有关协议。

第四十六条　学生举行大型集会、游行、示威等活动，应当按法律程序和有关规定获得批准。对未获批准的，学校应当依法劝阻或者制止。

第四十七条　学生应当遵守国家和学校关于网络使用的有关规定，不得登录非法网站和传播非法文字、音频、视频资料等，不得编造或者传播虚假、有害信息；不得攻击、侵入他人计算机和移动通讯网络系统。

第四十八条　学校应当建立健全学生住宿管理制度。学生应当遵守学校关于学生住宿管理的规定。鼓励和支持学生通过制定公约，实施自我管理。

第五章　奖励与处分

第四十九条　学校、省（区、市）和国家有关部门应当对在德、智、体、美等方面全面发展或者在思想品德、学业成绩、科技创造、体育竞赛、文艺活动、志愿服务及社会实践等方面表现突出的学生，给予表彰和奖励。

第五十条　对学生的表彰和奖励可以采取授予"三好学生"称号或者其他荣誉称号、颁发奖学金等多种形式，给予相应的精神鼓励或者物质奖励。

学校对学生予以表彰和奖励，以及确定推荐免试研究生、国家奖学金、公派出国留学人选等赋予学生利益的行为，应当建立公开、公平、公正的程序和规定，建立和完善相应的选拔、公示等制度。

第五十一条　对有违反法律法规、本规定以及学校纪律行为的学生，学校应当给予批评教育，并可视情节轻重，给予如下纪律处分：

（一）警告。

（二）严重警告。

（三）记过。

（四）留校察看。

（五）开除学籍。

第五十二条　学生有下列情形之一，学校可以给予开除学籍处分：

（一）违反宪法，反对四项基本原则、破坏安定团结、扰乱社会秩序的。

（二）触犯国家法律，构成刑事犯罪的。

（三）受到治安管理处罚，情节严重、性质恶劣的。

（四）代替他人或者让他人代替自己参加考试、组织作弊、使用通讯设备或其他器材作弊、向他人出售考试试题或答案谋取利益，以及其他严重作弊或扰乱考试秩序行为的。

（五）学位论文、公开发表的研究成果存在抄袭、篡改、伪造等学术不端行为，情节严重的，或者代写论文、买卖论文的。

（六）违反本规定和学校规定，严重影响学校教育教学秩序、生活秩序以及公共场所管理秩序的。

（七）侵害其他个人、组织合法权益，造成严重后果的。

（八）屡次违反学校规定受到纪律处分，经教育不改的。

第五十三条　学校对学生作出处分，应当出具处分决定书。处分决定书应当包括下列内容：

（一）学生的基本信息。

（二）作出处分的事实和证据。

（三）处分的种类、依据、期限。

（四）申诉的途径和期限。

（五）其他必要内容。

第五十四条 学校给予学生处分，应当坚持教育与惩戒相结合，与学生违法、违纪行为的性质和过错的严重程度相适应。学校对学生的处分，应当做到证据充分、依据明确、定性准确、程序正当、处分适当。

第五十五条 在对学生作出处分或者其他不利决定之前，学校应当告知学生作出决定的事实、理由及依据，并告知学生享有陈述和申辩的权利，听取学生的陈述和申辩。

处理、处分决定以及处分告知书等，应当直接送达学生本人，学生拒绝签收的，可以以留置方式送达；已离校的，可以采取邮寄方式送达；难以联系的，可以利用学校网站、新闻媒体等以公告方式送达。

第五十六条 对学生作出取消入学资格、取消学籍、退学、开除学籍或者其他涉及学生重大利益的处理或者处分决定的，应当提交校长办公会或者校长授权的专门会议研究决定，并应当事先进行合法性审查。

第五十七条 除开除学籍处分以外，给予学生处分一般应当设置 6~12 个月期限，到期按学校规定程序予以解除。解除处分后，学生获得表彰、奖励及其他权益，不再受原处分的影响。

第五十八条 对学生的奖励、处理、处分及解除处分材料，学校应当真实完整地归入学校文书档案和本人档案。

被开除学籍的学生，由学校发给学习证明。学生按学校规定期限离校，档案由学校退回其家庭所在地，户口应当按照国家相关规定迁回原户籍地或者家庭户籍所在地。

第六章 学生申诉

第五十九条 学校应当成立学生申诉处理委员会，负责受理学生对处理或者处分决定不服提起的申诉。

学生申诉处理委员会应当由学校相关负责人、职能部门负责人、教师代表、学生代表、负责法律事务的相关机构负责人等组成，可以聘请校外法律、教育等方面专家参加。

学校应当制定学生申诉的具体办法，健全学生申诉处理委员会的组成与工作规则，提供必要条件，保证其能够客观、公正地履行职责。

第六十条 学生对学校的处理或者处分决定有异议的，可以在接到学校处理或者处分决定书之日起 10 日内，向学校学生申诉处理委员会提出书面申诉。

第六十一条 学生申诉处理委员会对学生提出的申诉进行复查，并在接到书面申诉之日起 15 日内作出复查结论并告知申诉人。情况复杂不能在规定限期内作出结论的，经学校负责人批准，可延长 15 日。学生申诉处理委员会认为必要的，可以建议学校暂缓执行有关决定。

学生申诉处理委员会经复查，认为做出处理或者处分的事实、依据、程序等存在不当，可以作出建议撤销或变更的复查意见，要求相关职能部门予以研究，重新提交校长办公会或者专门会议作出决定。

第六十二条 学生对复查决定有异议的，在接到学校复查决定书之日起 15 日内，可以向学校所在地省级教育行政部门提出书面申诉。

省级教育行政部门应当在接到学生书面申诉之日起 30 个工作日内，对申诉人的问题给予处理并作出决定。

第六十三条 省级教育行政部门在处理因对学校处理或者处分决定不服提起的学生申诉时，应当听取学生和学校的意见，并可根据需要进行必要的调查。根据审查结论，区别不同情况，分别作出下列处理：

（一）事实清楚、依据明确、定性准确、程序正当、处分适当的，予以维持。

（二）认定事实不存在，或者学校超越职权、违反上位法规定作出决定的，责令学校予以撤销。

（三）认定事实清楚，但认定情节有误、定性不准确，或者适用依据有错误的，责令学校变更或者重新作出决定。

（四）认定事实不清、证据不足，或者违反本规定以及学校规定的程序和权限的，责令学校重新作出决定。

第六十四条 自处理、处分或者复查决定书送达之日起，学生在申诉期内未提出申诉的视为放弃申诉，学校或者省级教育行政部门不再受理其提出的申诉。

处理、处分或者复查决定书未告知学生申诉期限的，申诉期限自学生知道或者应当知道处理或者处分决定之日起计算，但最长不得超过 6 个月。

第六十五条 学生认为学校及其工作人员违反本规定，侵害其合法权益的；或者学校制定的规章制度与法律法规和本规定抵触的，可以向学校所在地省级教育行政部门投诉。

教育主管部门在实施监督或者处理申诉、投诉过程中，发现学校及其工作人员有违反法律、法规及本规定的行为或者未按照本规定履行相应义务的，或者学校自行制定的相关管理制度、规定，侵害学生合法权益的，应当责令改正；发现存在违法违纪的，应当及时进行调查处理或者移送有关部门，依据有关法律和相关规定，追究有关责任人的责任。

第七章　附　则

第六十六条 学校对接受高等学历继续教育的学生、港澳台侨学生、留学生的管理，参照本规定执行。

第六十七条 学校应当根据本规定制定或修改学校的学生管理规定或者纪律处分规定，报主管教育行政部门备案（中央部委属校同时抄报所在地省级教育行政部门），并及时向学生公布。

省级教育行政部门根据本规定，指导、检查和监督本地区高等学校的学生管理工作。

第六十八条 本规定自 2017 年 9 月 1 日起施行。原《普通高等学校学生管理规定》（教育部令第 21 号）同时废止。其他有关文件规定与本规定不一致的，以本规定为准。

高等学校学生行为准则

一、志存高远，坚定信念。努力学习马克思列宁主义、毛泽东思想、邓小平理论和"三个代表"重要思想，面向世界，了解国情，确立在中国共产党领导下走社会主义道路、实现中华民族伟大复兴的共同理想和坚定信念，努力成为有理想、有道德、有文化、有纪律的社会主义新人。

二、热爱祖国，服务人民。弘扬民族精神，维护国家利益和民族团结。不参与违反四项基本原则、影响国家统一和社会稳定的活动。培养同人民群众的深厚感情，正确处理国家、集体和个人三者利益关系，增强社会责任感，甘愿为祖国为人民奉献。

三、勤奋学习，自强不息。追求真理，崇尚科学；刻苦钻研，严谨求实；积极实践，勇于创新；珍惜时间，学业有成。

四、遵纪守法，弘扬正气。遵守宪法、法律法规，遵守校纪校规；正确行使权利，依法履行义务；敬廉崇洁，公道正派；敢于并善于同各种违法违纪行为作斗争。

五、诚实守信，严于律己。履约践诺，知行统一；遵从学术规范，恪守学术道德，不作弊，不剽窃；自尊自爱，自省自律；文明使用互联网；自觉抵制黄、赌、毒等不良诱惑。

六、明礼修身，团结友爱。弘扬传统美德，遵守社会公德，男女交往文明；关心集体，爱护公物，热心公益；尊敬师长，友爱同学，团结合作；仪表整洁，待人礼貌；豁达宽容，积极向上。

七、勤俭节约，艰苦奋斗。热爱劳动，珍惜他人和社会劳动成果；生活俭朴，杜绝浪费；不追求超越自身和家庭实际的物质享受。

八、强健体魄，热爱生活。积极参加文体活动，提高身体素质，保持心理健康；磨砺意志，不怕挫折，提高适应能力；增强安全意识，防止意外事故；关爱自然，爱护环境，珍惜资源。

学生伤害事故处理办法

(中华人民共和国教育部令第 12 号)

第一章 总 则

第一条 为积极预防、妥善处理在校学生伤害事故，保护学生、学校的合法权益，根据《中华人民共和国教育法》《中华人民共和国未成年人保护法》和其他相关法律、行政法规及有关规定，制定本办法。

第二条 在学校实施的教育教学活动或者学校组织的校外活动中，以及在学校负有管理责任的校舍、场地、其他教育教学设施、生活设施内发生的，造成在校学生人身损害后果的事故的处理，适用本办法。

第三条 学生伤害事故应当遵循依法、客观公正、合理适当的原则，及时、妥善地处理。

第四条 学校的举办者应当提供符合安全标准的校舍、场地、其他教育教学设施和生活设施。

教育行政部门应当加强学校安全工作，指导学校落实预防学生伤害事故的措施，指导、协助学校妥善处理学生伤害事故，维护学校正常的教育教学秩序。

第五条 学校应当对在校学生进行必要的安全教育和自护自救教育；应当按照规定，建立健全安全制度，采取相应的管理措施，预防和消除教育教学环境中存在的安全隐患；当发生伤害事故时，应当及时采取措施救助受伤害学生。

学校对学生进行安全教育、管理和保护，应当针对学生年龄、认知能力和法律行为能力的不同，采用相应的内容和预防措施。

第六条 学生应当遵守学校的规章制度和纪律；在不同的受教育阶段，应当根据自身的年龄、认知能力和法律行为能力，避免和消除相应的危险。

第七条 未成年学生的父母或者其他监护人（以下称为监护人）应当依法履行监护职责，配合学校对学生进行安全教育、管理和保护工作。

学校对未成年学生不承担监护职责，但法律有规定的或者学校依法接受委托承担相应监护职责的情形除外。

第二章　事故与责任

第八条　学生伤害事故的责任，应当根据相关当事人的行为与损害后果之间的因果关系依法确定。

因学校、学生或者其他相关当事人的过错造成的学生伤害事故，相关当事人应当根据其行为过错程度的比例及其与损害后果之间的因果关系承担相应的责任。当事人的行为是损害后果发生的主要原因，应当承担主要责任；当事人的行为是损害后果发生的非主要原因，承担相应的责任。

第九条　因下列情形之一造成的学生伤害事故，学校应当依法承担相应的责任：

（一）学校的校舍、场地、其他公共设施，以及学校提供给学生使用的学具、教育教学和生活设施、设备不符合国家规定的标准，或者有明显不安全因素的。

（二）学校的安全保卫、消防、设施设备管理等安全管理制度有明显疏漏，或者管理混乱，存在重大安全隐患，而未及时采取措施的。

（三）学校向学生提供的药品、食品、饮用水等不符合国家或者行业的有关标准、要求的。

（四）学校组织学生参加教育教学活动或者校外活动，未对学生进行相应的安全教育，并未在可预见的范围内采取必要的安全措施的。

（五）学校知道教师或者其他工作人员患有不适宜担任教育教学工作的疾病，但未采取必要措施的。

（六）学校违反有关规定，组织或者安排未成年学生从事不宜未成年人参加的劳动、体育运动或者其他活动的。

（七）学生有特异体质或者特定疾病，不宜参加某种教育教学活动，学校知道或者应当知道，但未予以必要的注意的。

（八）学生在校期间突发疾病或者受到伤害，学校发现，但未根据实际情况及时采取相应措施，导致不良后果加重的。

（九）学校教师或者其他工作人员体罚或者变相体罚学生，或者在履行职责过程中违反工作要求、操作规程、职业道德或者其他有关规定的。

（十）学校教师或者其他工作人员在负有组织、管理未成年学生的职责期间，发现学生行为具有危险性，但未进行必要的管理、告诫或者制止的。

（十一）未成年学生擅自离校等与学生人身安全直接相关的信息，学校发现或者知道，但未及时告知未成年学生的监护人，导致未成年学生因脱离监护人的保护而发生伤害的。

（十二）学校有未依法履行职责的其他情形的。

第十条　学生或者未成年学生监护人由于过错，有下列情形之一，造成学生伤害事故，应当依法承担相应的责任：

（一）学生违反法律法规的规定，违反社会公共行为准则、学校的规章制度或者纪律，实施按其年龄和认知能力应当知道具有危险或者可能危及他人的行为的。

（二）学生行为具有危险性，学校、教师已经告诫、纠正，但学生不听劝阻、拒不改正的。

（三）学生或者其监护人知道学生有特异体质，或者患有特定疾病，但未告知学校的。

（四）未成年学生的身体状况、行为、情绪等有异常情况，监护人知道或者已被学校告知，但未履行相应监护职责的。

（五）学生或者未成年学生监护人有其他过错的。

第十一条 学校安排学生参加活动，因提供场地、设备、交通工具、食品及其他消费与服务的经营者，或者学校以外的活动组织者的过错造成的学生伤害事故，有过错的当事人应当依法承担相应的责任。

第十二条 因下列情形之一造成的学生伤害事故，学校已履行了相应职责，行为并无不当的，无法律责任：

（一）地震、雷击、台风、洪水等不可抗拒的自然因素造成的。

（二）来自学校外部的突发性、偶发性侵害造成的。

（三）学生有特异体质、特定疾病或者异常心理状态，学校不知道或者难于知道的。

（四）学生自杀、自伤的。

（五）在对抗性或者具有风险性的体育竞赛活动中发生意外伤害的。

（六）其他意外因素造成的。

第十三条 下列情形下发生的造成学生人身损害后果的事故，学校行为并无不当的，不承担事故责任；事故责任应当按有关法律法规或者其他有关规定认定：

（一）在学生自行上学、放学、返校、离校途中发生的。

（二）在学生自行外出或者擅自离校期间发生的。

（三）在放学后、节假日或者假期等学校工作时间以外，学生自行滞留学校或者自行到校发生的。

（四）其他在学校管理职责范围外发生的。

第十四条 因学校教师或者其他工作人员与其职务无关的个人行为，或者因学生、教师及其他个人故意实施的违法犯罪行为，造成学生人身损害的，由致害人依法承担相应的责任。

第三章 事故处理程序

第十五条 发生学生伤害事故，学校应当及时救助受伤害学生，并应当及时告知未成年学生的监护人；有条件的，应当采取紧急救援等方式救助。

第十六条 发生学生伤害事故，情形严重的，学校应当及时向主管教育行政部门及有关部门报告；属于重大伤亡事故的，教育行政部门应当按照有关规定及时向同级人民政府和上一级教育行政部门报告。

第十七条 学校的主管教育行政部门应学校要求或者认为必要，可以指导、协助学校进行事故的处理工作，尽快恢复学校正常的教育教学秩序。

第十八条　发生学生伤害事故，学校与受伤害学生或者学生家长可以通过协商方式解决；双方自愿，可以书面请求主管教育行政部门进行调解。成年学生或者未成年学生的监护人也可以依法直接提起诉讼。

第十九条　教育行政部门收到调解申请，认为必要的，可以指定专门人员进行调解，并应当在受理申请之日起 60 日内完成调解。

第二十条　经教育行政部门调解，双方就事故处理达成一致意见的，应当在调解人员的见证下签订调解协议，结束调解；在调解期限内，双方不能达成一致意见，或者调解过程中一方提起诉讼，人民法院已经受理的，应当终止调解。调解结束或者终止，教育行政部门应当书面通知当事人。

第二十一条　对经调解达成的协议，一方当事人不履行或者反悔的，双方可以依法提起诉讼。

第二十二条　事故处理结束，学校应当将事故处理结果书面报告主管的教育行政部门；重大伤亡事故的处理结果，学校主管的教育行政部门应当向同级人民政府和上一级教育行政部门报告。

第四章　事故损害的赔偿

第二十三条　对发生学生伤害事故负有责任的组织或者个人，应当按照法律法规的有关规定，承担相应的损害赔偿责任。

第二十四条　学生伤害事故赔偿的范围与标准，按照有关行政法规、地方除法规或者最高人民法院司法解释中的有关规定确定。

教育行政部门进行调解时，认为学校有责任的，可以依照有关法律法规及国家有关规定，提出相应的调解方案。

第二十五条　对受伤害学生的伤残程度存在争议的，可以委托当地具有相应鉴定资格的医院或者有关机构，依据国家规定的人体伤残标准进行鉴定。

第二十六条　学校对学生伤害事故负有责任的，根据责任大小，适当予以经济赔偿，但不承担解决户口、住房、就业等与救助受伤害学生、赔偿相应经济损失无直接关系的其他事项。

学校无责任的，如果有条件，可以根据实际情况，本着自愿和可能的原则，对受伤害学生给予适当的帮助。

第二十七条　因学校教师或者其他工作人员在履行职务中的故意或者重大过失造成的学生伤害事故，学校予以赔偿后，可以向有关责任人员追偿。

第二十八条　未成年学生对学生伤害事故负有责任的，由其监护人依法承担相应的赔偿责任。

学生的行为侵害学校教师及其他工作人员以及其他组织、个人的合法权益，造成损失的，成年学生或者未成年学生的监护人应当依法予以赔偿。

第二十九条　根据双方达成的协议、经调解形成的协议或者人民法院的生效判决，应当由学校负担的赔偿金，学校应当负责筹措；学校无力完全筹措的，由学校的主管部门或者举办者协助筹措。

第三十条　县级以上人民政府教育行政部门或者学校举办者有条件的，可以通过设立学生伤害赔偿准备金等多种形式，依法筹措伤害赔偿金。

第三十一条　学校有条件的，应当依据保险法的有关规定，参加学校责任保险。

教育行政部门可以根据实际情况，鼓励中小学参加学校责任保险。

提倡学生自愿参加意外伤害保险。在尊重学生意愿的前提下，学校可以为学生参加意外伤害保险创造便利条件，但不得从中收取任何费用。

第五章　事故责任者的处理

第三十二条　发生学生伤害事故，学校负有责任且情节严重的，教育行政部门应当根据有关规定，对学校的直接负责的主管人员和其他直接责任人员，分别给予相应的行政处分；有关责任人的行为触犯刑律的，应当移送司法机关依法追究刑事责任。

第三十三条　学校管理混乱，存在重大安全隐患的，主管的教育行政部门或者其他有关部门应当责令其限期整顿；对情节严重或者拒不改正的，应当依据法律法规的有关规定，给予相应的行政处罚。

第三十四条　教育行政部门未履行相应职责，对学生伤害事故的发生负有责任的，由有关部门对直接负责的主管人员和其他直接责任人员分别给予相应的行政处分；有关责任人的行为触犯刑律的，应当移送司法机关依法追究刑事责任。

第三十五条　违反学校纪律，对造成学生伤害事故负有责任的学生，学校可以给予相应的处分；触犯刑律的，由司法机关依法追究刑事责任。

第三十六条　受伤害学生的监护人、亲属或者其他有关人员，在事故处理过程中无理取闹，扰乱学校正常教育教学秩序，或者侵犯学校、学校教师或者其他工作人员的合法权益的，学校应当报告公安机关依法处理；造成损失的，可以依法要求赔偿。

第六章　附　则

第三十七条　本办法所称学校，是指国家或者社会力量举办的全日制中小学（含特殊教育学校）、各类中等职业学校、高等学校。本办法所称学生是指在上述学校中全日制就读的受教育者。

第三十八条　幼儿园发生的幼儿伤害事故，应当根据幼儿为完全无行为能力人的特点，参照本办法处理。

第三十九条 其他教育机构发生的学生伤害事故，参照本办法处理。

在学校注册的其他受教育者在学校管理范围内发生的伤害事故，参照本办法处理。

第四十条 本办法自 2002 年 9 月 1 日起实施，原国家教委、教育部颁布的与学生人身安全事故处理有关的规定，与本办法不符的，以本办法为准。

在本办法实施之前已处理完毕的学生伤害事故不再重新处理。